章士钊逻辑思想研究

黄海 著

九州出版社

图书在版编目（CIP）数据

章士钊逻辑思想研究／黄海著．－－北京：九州出版社，2022.9
　ISBN 978-7-5225-1192-4

Ⅰ.①章… Ⅱ.①黄… Ⅲ.①章士钊（1881-1973）—哲学思想—研究 Ⅳ.①B260.5

中国版本图书馆 CIP 数据核字（2022）第 182947 号

章士钊逻辑思想研究

作　　者	黄　海 著
责任编辑	李创娇
出版发行	九州出版社
地　　址	北京市西城区阜外大街甲 35 号（100037）
发行电话	（010）68992190/3/5/6
网　　址	www.jiuzhoupress.com
印　　刷	唐山才智印刷有限公司
开　　本	710 毫米×1000 毫米　16 开
印　　张	14
字　　数	165 千字
版　　次	2023 年 3 月第 1 版
印　　次	2023 年 3 月第 1 次印刷
书　　号	ISBN 978-7-5225-1192-4
定　　价	89.00 元

★版权所有　侵权必究★

序

本书主要包括绪论和四个章节共五个部分：

绪论从中国逻辑史研究情况出发，阐述了选题背景和研究意义。同时，从章士钊生平事迹的整理与研究、《逻辑指要》及相关内容的研究、章士钊中西逻辑比较的研究、目前章士钊逻辑思想研究存在的问题四个方面，综述了有关章士钊逻辑思想的研究现状。同时说明了本文的主要研究方法，主要有比较研究的方法、历史分析的方法、文化诠释的方法、文本问题与解释的方法等。并以章士钊逻辑思想发生、形成、发展的过程为脉络，通过考察其形成的社会背景与基础，以及西方逻辑两次传入的情况及影响，研究了章士钊逻辑思想形成的理论基础和知识背景。

第一章从逻辑层面对章士钊创立的"逻辑文"做了深入研究，对章士钊的 Logic 定名、《名学他辨》、《名墨之论》、《章氏墨学》等进行阐释，全面展示章士钊逻辑思想初步形成的过程。主要包括从章士钊对 Logic 译名的关注与讨论，对"名学"与"墨学"的初步研讨，对"墨学"的专门研究和对西方逻辑的初步研究等几个方面阐述了章士钊逻辑思想发生发展的大致过程。同时也对逻辑思想形成过程中的主要观点和论著做了初步研究，并说明了章士钊初创期逻辑研究的特点。

第二章对《逻辑指要》进行全面的研究。《逻辑指要》的出版标志着章士钊逻辑思想的形成，对《逻辑指要》独特的逻辑思想体系、章士钊客观的自我评价及其中西逻辑比较研究进行深入研究，主要包括逻辑思维基本规律、逻辑思维形式、基本逻辑方法、译名比较和逻辑史的介绍等几个方面。同时对章士钊逻辑思想做了评价，一是独特的逻辑思想体系——"以欧洲逻辑为经，本邦名理为纬"；二是"一部逻辑发展史匆遽而紊乱的速写"。

第三章通过对梁启超、胡适、郭湛波、虞愚等学者的逻辑思想介绍与比较，分析了章士钊逻辑思想在近代中国逻辑思想发展中的基本贡献，以及在中国逻辑史中的学术地位和价值。

第四章对章士钊逻辑思想做全面总结。对其逻辑观、研究逻辑的方法及特点、研究的得失及影响等做出初步评价。从章士钊对"逻辑"的内涵与外延的认识，逻辑的性质的界定，中国名辩学、西方传统逻辑及印度因明的关系，以及对"中国无逻辑论"的反驳等方面论述了章士钊的逻辑观。在此基础上论述了章士钊考证训诂、横向比较等研究方法，以及章士钊逻辑研究的得失及影响。

对章士钊逻辑思想较为系统全面的挖掘与研究，一方面有助于全面挖掘章士钊的学术思想;另一方面有利于完整地把握西方逻辑在中国传播的全过程,也有利于中国逻辑思想的完善与发展,丰富中国逻辑史的内容。

目 录
CONTENTS

绪 论 ·· 1
 第一节　章士钊生平 ································ 1
 第二节　章士钊著述 ································ 6
 第三节　章士钊生活时期的中国社会背景 ·········· 9
 第四节　章士钊出国留学前西方逻辑在中国传播的情况 ········ 13
 第五节　章士钊出国留学经历 ······················ 26

第一章　章士钊逻辑思想的初步形成 ················ 30
 第一节　章士钊逻辑思想的发生过程 ··············· 30
 第二节　章士钊主要逻辑思想及成果述介 ·········· 45
 第三节　章士钊逻辑思想初创期的特点及贡献 ····· 69

第二章　章士钊逻辑思想的形成——《逻辑指要》 ···· 75
 第一节　章士钊《逻辑指要》概述 ·················· 75

1

第二节　章士钊逻辑思想的体系与内容 …………………… 98
　　第三节　章士钊《逻辑指要》的评价 ……………………… 126

第三章　章士钊中国逻辑思想研究的比较分析 ……………… 139
　　第一节　与梁启超逻辑思想的比较 ………………………… 140
　　第二节　与胡适逻辑思想的比较 …………………………… 147
　　第三节　与郭湛波《先秦辩学史》的比较 ………………… 152
　　第四节　与虞愚《中国名学》的比较 ……………………… 156
　　第五节　《逻辑指要》在当时的影响 ……………………… 161

第四章　章士钊逻辑思想的总结 ………………………………… 165
　　第一节　章士钊的逻辑观 …………………………………… 165
　　第二节　章士钊研究逻辑的方法及特点 …………………… 176
　　第三节　章士钊逻辑研究的得失及影响 …………………… 184

参考文献 ……………………………………………………………… 194
附　录 ………………………………………………………………… 206

绪 论

章士钊是我国著名的教育家、政治活动家、逻辑学家,他的思想和主张影响深远,尤其是逻辑思想和逻辑代表作——《逻辑指要》对中国逻辑思想的研究起到了重要的推动作用,做出了杰出贡献。我们首先考察章士钊逻辑思想形成的社会背景和基础。

第一节 章士钊生平

章士钊(1881—1973),幼名永煮,字行严,又字行年,清光绪七年(1881)3月20日出生于湖南善化县(今长沙)东乡和佳冲。光绪二十八年(1902),章士钊21岁时阅读了谭嗣同的《仁学》,升始产生了反清思想和冲决罗网的平等思想。光绪二十九年(1903)4月3日,他提出"废学救国"的主张后,赴上海参加蔡元培等人创办的中国教育会(上海爱国学社),同时担任了《苏报》的主笔,后担任主编,发表了一系列文章进行反清革命宣传。《苏报》被查封后，章士钊与陈独秀等人又创办了《国民日日报》，继续揭露清政府的卖国反动罪行，宣传资产阶级民主思想。他还创办了东大陆图书译印局，编译、出版革命宣传小册子和革命书籍。1905年，章士钊去了日本。他先入正则英语学校学习英文，后应聘在实践女校教中国留学生古汉语，并在讲义的基础上由商务印书馆出版了《中等国文典》，这是我国最早的少数几部语法著作之一。1908年，章士钊前往英国，在清政府公费资助下考入爱丁堡大学（The University of Edinburgh）学习。爱丁堡大学，简称爱大，全球20强顶尖名校。位于英国苏格兰首府爱丁堡市，创建于1583年，是英语国家中第六古老的大学。《苏格兰大学发展研究》提到爱丁堡大学在18世纪曾超越牛津和剑桥而成为引领欧洲学术发展的第一大学。在此期间，章士钊主攻政治和法律。1909年转入阿伯丁大学（University of Aberdeen）学习。阿伯丁大学于1495年在苏格兰阿伯丁创立，是著名的教育和研究中心。该校是中世纪创建的四所苏格兰古大学之一，也是全英校龄第五长的大学，学生总数近1.4万名。阿伯丁大学自创校以来，一直是英国的最具历史代表性和实力的顶尖研究型学府之一，该大学的教学和研究质量举世闻名，是英国20所明星级大学之一。大学有43个系，4所学院，开设学位课程400多种。优势学科有医药、法律、哲学、工程管理、石油工程。此时，章士钊师从威廉·莱斯利·戴维森（William Leslie Davidson）学习逻辑，师从邓仁潞攻读经济学。这一时期章士钊受英国的影响主要表现在两个方面：一是英国19世纪的自由主义，即功利主义的影响；二是英国式的社会政治进化道路。① 1911年12月24日，章士钊一家从英国动身回国，之后他担任了《民立报》的主笔，一直保持言论的独立。后来他被迫离开《民立报》，与王无生一起创立了《独立周报》。1914年，他又独自创办了《甲寅》杂志，它在批判袁世凯的专制独裁理论，宣传民主思想方面有着巨大的影响。章士钊在北京大学担任逻辑学教授，同时任图书馆主任。他主要讲两门课，一是在教育部会场的学术演讲会讲授论理学，章士钊在1909年就发表文章反对以义译名，主张把Logic译为逻辑，可是在他讲课时，北大课程表上还是把逻辑称为"论理学"；二是在哲学研究所讲授逻辑学史。他所讲授的逻辑学深受广大学生的欢迎，高承元在《逻辑指要》序中谈到了他听章士钊逻辑课的盛况："七年（即民国七年）先生讲逻辑于北京大学，时承元肄业于北京法政专门学校，兼为北大旁听生，闻讯喜出望外，趋往则门户为塞，坐无隙地，盖海内自有讲学以来未有之盛也。翌日，乃易大教室，可容四五百人，挤拥如故，学校执事者乃使人到教室户外检听讲证以限之。当时习尚，尝闻学生有注册而不受课者，未注册而争入教室受课，则未之前闻，有之，自先生讲学始。承元得讯较晚，未及注册，而额满见摈，至是大窘，计无所出，乃挟所著《辨学古遗》谒先生，自白治逻辑之专，请特许。先生本其善诱之衷，备加奖掖，立赐短简，乃得注册。全是益潜心受课，凡先生所讲，笔不辍录。当是时，学校不颁讲章（即指讲义），而受业者复为教室所限，一时北平学子欲窥其堂奥而无从者尤

---

① 邹小站：《章士钊传》，河南文艺出版社，1999，第71页。

多。承元乃间摄取要旨，布于校中刊物，以慰问学之望。"[①] 从高承元的这段话中可见当日学生选课的热烈。当时听章士钊的逻辑课的还有张申府、傅斯年、罗家伦、吴敬轩等人。也正是在北大讲学期间，章士钊总结自己研究中西逻辑所得，撰成了《逻辑指要》的初稿。

1921年2月17日，章士钊在黎元洪的资助下从上海出发赴欧洲考察，这次去的目的主要是寻找救亡图存之道。在伦敦访问了英国政治思想家潘悌（Penty）、小说家H.G.威尔斯（H. G. Welles）、戏剧家萧伯纳（Bernard Shaw）。在与他们的交流中，他认识到工业国与农业国之不同。回国之后，他开始宣传以农立国的主张，他认为工业化的道路在中国走不通，而且工业化的弊端也已经暴露无遗，中国真正的出路在于废弃工业化，回到中国古圣贤所设立的节欲戒争、重农尚礼的基本立国道路上来。1928年年底，章士钊作第三次欧洲之行。

1930年春，章士钊应张学良的邀请到沈阳东北大学担任文法学院教授，他开设的课程有中国政治思想史、形式逻辑（当时人称"章氏逻辑"）等。九一八事变后，他来到上海，在杜月笙的帮助下，是年1月正式挂牌当律师。1932年10月，陈独秀在上海法租界被捕。次年4月，章士钊自告奋勇以老朋友身份为其辩护，在法庭上逻辑严密的辩护词使得陈独秀免于死，而改判刑8年。1934年春，被推选为上海政法学院院长。1936年秋，应东北冀察政务委员会委

[①] 章士钊：《章士钊全集》第7卷，文汇出版社，2000，第288页。

员长宋哲元之邀北上，任该委员会法制委员会主任。

1939年2月，蒋介石邀请张君劢找人写一部逻辑方面的教材，张君劢就推荐了章士钊。不久章士钊回到香港，开始撰写《逻辑指要》。在这之前，章士钊就曾发表过不少关于逻辑的文章，不仅有研究西方逻辑思想的，还有研究中国古代逻辑思想的，而且还有将中西逻辑思想进行对比的研究。更为重要的是，他考察分析了Logic的不同译名，提出了"逻辑"这个名词是最合适的术语。大概到1939年夏，他就完成了《逻辑指要》，1943年该书在重庆由时代精神出版社出版。

中华人民共和国成立后，章士钊相继被推选为第一届全国政协委员，第二届、第三届常务委员，全国人民代表大会第一届、第二届代表，第三届常务委员，政务院法制委员会委员及中央文史研究馆馆长等职。[①] 他把研究柳宗元的心得加以整理，自75岁开始撰写的《柳文指要》于1965年完成，由于"文化大革命"，几经周折于1971年出版。1973年5月，带病远乘专机赴香港，为了海峡两岸统一，与国民党秘密接触。由于不适应当地气候，于7月1日病逝，享年93岁。

[①] 白吉庵：《章士钊传》，作家出版社，2004，第436页。

第二节　章士钊著述

　　章士钊一生从事政治活动与学术研究，所发表的文章及著作涉及哲学、政治、经济、法律、教育、新闻以及文学艺术等不同领域、不同学科。章士钊的著述基本上收录在其女章含之、白吉庵主编的《章士钊全集》10 卷本中。该书近 500 万字，其中专著主要包括《逻辑指要》《柳文指要》《中等国文典》《情为语变之原论》《弗罗乙德叙传》等，论文数百篇，诗词近五千首。

　　《中等国文典》原名《初等国文典》，供中学校一、二、三年级教学使用。原拟另编《中等国文典》，供中学校四、五年级用，另再编高等者，供高等学校用，但未见按此计划完成。现所见《中等国文典》系由《初等国文典》改名，封面标明"中学校、师范学校用"，内容实同。① 章士钊在书中就词的意义把词分为九类：名词、代名词、动词、形容词、副词、介词、接续词、助词、感叹词。他把句子分成主格和宾辞两个部分，主格就是现在所说的主语，宾辞就是现在的谓语。章士钊还就发言者的意志分为四种：叙述句、疑问句、命令句、感叹句。该书是继 1898 年《马氏文通》问世之后又一重要的语法著作，它对《马氏文通》进行了重要修正和补充，并在多个方面具有独特建树。这一时期相关的语法著作还有来裕恂的

---

① 章士钊：《章士钊全集》第 1 卷，文汇出版社，2000，第 180 页。

《汉文典》（1902）、刘金弟的《文法汇通》（1908）、吴明浩的《中学文法要略》（1917）和俞明廉的《国文典讲义》（1918），但"在这类书中，较有特色的是章士钊的《中等国文典》"①。现代著名语言学家杨树达指出："自《文通》书出，大都陈陈相因。盖自同县友人章君行严外，未见有能为马氏之诤友，于其书有所助益也。"②

章士钊14岁时，离家到长沙求学，他买了一部湖南永州刻的《柳宗元文集》，从此一生研究柳宗元。"余少时爱好柳文，而并无师承，止于随意阅读，稍长，担簦受学于外，亦即挈《柳集》自随，逮入仕亦如之，此集随余流转，前后亘六七十年。"③章士钊从1960年开始一直到1965年把他一生研究柳宗元的心得总结编纂成百万字的巨著——《柳文指要》，得到了毛泽东的肯定和喜爱，并于1971年9月由中华书局正式出版发行。《柳文指要》分为上下两部：上部为体要之部，章士钊说："体要者，谓《柳集》本体所有事，必须交代清楚也。"依照柳文原集之编目，逐篇加以探讨，包括评论、考证、校勘等；下部为通要之部，章士钊说："通要者，谓各即品目而观其通，得所会归也。"④《柳文指要》按专题分类论述柳宗元的学术思想以及柳文的各种问题，如政治、文学、儒佛、韩柳关系等，并引述历代诸家之说，最后提出自己的意见。上部成于1964年，又不断加以补充。下部定稿于1971年。

---

① 李佐丰：《二十世纪的中国语言学》，北京大学出版社，1998，第143页。
② 杨树达：《高等国文法》，商务印书馆，1984，序言第3页。
③ 章士钊：《章士钊全集》第9卷，文汇出版社，2000，总序第1页。
④ 章士钊：《章士钊全集》第9卷，文汇出版社，2000，总序第1页。

1917—1918年，章士钊被聘为北京大学哲学教授，讲授论理学，以逻辑学及逻辑史为主。1930—1932年，在东北大学讲授名理，以墨辩与逻辑为主。1938年夏，章士钊旅居香港，开始着手撰写《逻辑指要》，后经张君劢介绍给蒋介石，次年在重庆出版。1959年，三联书店有出版"逻辑丛刊"之举，章士钊将旧著"躬自校勘一遍"，"全稿计削去不合时宜者大约二十分之一。增补者略多一点，都只限古籍应用例子而已"。① 1961年，新版《逻辑指要》发行。章士钊指出："寻逻辑之名，起于欧洲，而逻辑之理，存乎天壤。其谓欧洲有逻辑，中国无逻辑者，謷言也。其谓人不重逻辑之名，而即未解逻辑之理者，尤妄说也。……吾之周秦名理，以墨辩言，即是内外双举，从不执一以遗其二。惜后叶赓绍无人，遂尔埋塞到今。"② 章士钊宣称："吾曩有志以欧洲逻辑为经，本邦名理为纬，密密比排，蔚成一学，为此科开一生面。"③

章士钊还撰写了不少逻辑方面的文章，主要有《论翻译名义》《论逻辑》《释逻辑——答马君育鹏、张君树立》《逻辑与行政系统》《论译名——答张君礼轩》《张君礼轩论翻译名义函附语》《论译名——答李禄骥、张景芬两君》《译名》《论逻辑——答吴君宗毂》《逻辑——答吴市君》《译名——答容挺公君》《论逻辑——答徐君衡》《名学他辨》《墨学谈》《名墨訾应论》《章氏墨学一斑》《墨辩

---

① 章士钊：《逻辑指要·重版说明》，载章士钊：《章士钊全集》第7卷，文汇出版社，2000，第283-284页。
② 章士钊：《章士钊全集》第7卷，文汇出版社，2000，第293页。
③ 章士钊：《章士钊全集》第7卷，文汇出版社，2000，第293-294页。

之辩》《墨辩三物辩》《书墨经正义》《名墨訾应考》《墨学——答陈伯肫》《章氏墨学》《名墨方行辩》《逻辑》《逻辑——命题》等。其中五篇收录在《逻辑指要》的附录中，分别为《论翻译名义》《名墨訾应论》《名学他辨》《墨议》《原指》《名墨方行辨》。

第三节　章士钊生活时期的中国社会背景

章士钊出生时清王朝已腐朽不堪。1840—1860年两次鸦片战争让列强打开了中国的大门，扩大了对华贸易，使中国开始沦为半殖民地半封建社会。1894年爆发了中日甲午战争，清朝政府与日本签订了《马关条约》。中国大片领土沦为殖民地，给中国带来严重后果，加剧了中国的民族危机。清政府与西方列强签订的一系列不平等条约导致中国自给自足的自然经济日趋被破坏。西方列强利用武力在中国大量倾销其商品，同时中国也沦为外国资本主义的原料供应地，中国的一些手工工厂倒闭，中国的产品也难以出口，国际贸易的逆差不断扩大，人民生活水平不断下降。另一方面，清政府要向西方列强支付巨额的战争赔款，而为了凑齐这些钱财，清政府不断压榨广大的人民群众，使人民的生活境遇更加不堪，社会内部矛盾不断加剧，反抗清政府的斗争不断出现，而且有规模越来越大的趋势。

鸦片战争也迫使一部分中国人开眼看世界，探索救亡图存之路。例如魏源编纂的《海国图志》一书，认为清政府应该秉持"师夷之长技以制夷"策略才能强国。同时，在清政府内部，一些统治者开始反思，意欲图强，他们继承了魏源等人的思想，提倡西学，兴办兵工厂，生产新式武器，建立新式军队，意图达到富国强兵的目的。1894年11月24日，孙中山在檀香山创立了中国第一个资产阶级革命团体——兴中会。1895年康有为联合一千多名举人上书光绪帝，反对《马关条约》的签订，史称"公车上书"。同年10月，孙中山领导了资产阶级第一次武装起义——广州起义。1896年，康有为在上海创办《强学报》，梁启超在上海筹办《时务报》，宣传维新变法，救亡图强。1898年6月11日，光绪帝下"明定国是"诏书，开始了"百日维新"。9月21日，变法失败。1899年3月，山东义和团起义，掀起反帝爱国运动的高潮。1900年3月至6月，义和团运动不断壮大。6月21日，八国联军镇压义和团运动，并攻陷北京。1901年，清政府与十一国签订丧权辱国的《辛丑条约》，标志着中国完全沦为半殖民地半封建国家。从洋务运动，到维新变法，再到改天换地的"辛亥革命"，一些有识之士尝试了各种方式希望能把中国从水深火热中解救出来。在经历了对"西器""西艺""西政"的探索和试验后，中国的仁人志士逐渐清醒地认识到，西方文化知识的精髓是学习其观念和方法，而作为西方一切科学文化基石的逻辑学开始逐渐受到国人的重视。

　　从清初开始，理学开始走向没落，学术思想开始由理学转向汉学。比如乾嘉学派注重考证、实测方法、实事验证等对中国学术思想与西方思想的融合与发展起到了推动作用。晚清之后，经世之学开始兴起，它主要经历了两个发展阶段，首先是从传统学术资源中寻求经世之术，即根据"通经致用"的观念，从中国传统经史之学、掌故之学中引申"经世之道"；后来由于传统的经世之学不足以经世，便将目光逐渐转移到了西方的"富强之术"和格致诸学上。①梁启超在《清代学术概论》中总结道："综观二百余年之学史，其影响及于全思想界者，一言蔽之，曰'以复古为解放'。第一步，复宋之古，对于王学而得解放。第二步，复汉唐之古，对于程朱而得解放。第三步，复西汉之古，对于许郑而得解放。第四步，复先秦之古，对于一切传注而得解放。夫既已复先秦之古，则非至对于孔孟而得解放焉不止矣。"②

在鸦片战争后，中国的学术思想也开始出现了一些变化。在经历了明末清初第一次西学东渐之后，从清末开始了第二次西学东渐。这次传播的主体首先还是来华传教士，另一个就是一些中国的知识分子。来华传教士翻译出版了许多西方著作，以他们创办的华花圣经书房这个印刷厂为例，在14年的时间中共出书1217767册③，可见传教士在传播西学的过程中所做出的特殊贡献。传教士在中国还开办了一些教会学校来传播西学，它们基本上是按照西方的教育体系来设置课程，除了《圣经》和中国启蒙读物，大都是西方的学科内容。到1912年，全国基督教会学校在校学生数达138937人，天主教会学校在校学生数约8万人。④ 报刊是传播西学的另一个有效途

---

① 左玉河：《西学东渐与晚清学风嬗变》，载郑大华、邹小站《西方思想在近代中国》，社会科学文献出版社，2005，第206页。
② 梁启超：《清代学术概论》，上海古籍出版社，2011，第7页。
③ 熊月之：《西学东渐与晚清社会》，中国人民大学出版社，2011，第137页。
④ 熊月之：《西学东渐与晚清社会》，中国人民大学出版社，2011，第225页。

径，无论是传教士办的《教会新报》（后改名为《万国公报》）、《益闻录》，外国商人办的《申报》《新闻报》，还是中国知识分子办的《时务报》《民报》等，都介绍了不少的西学知识。晚清时期，西书的出版机构先后有一百多家，按其属性可分为三种：一是教会主持的；二是政府官办的；三是民间商办的。[①] 中日甲午战争后，中国人开始重新认识日本，逐渐形成了留日狂潮。日本留学热带来了日文西书翻译热。根据谭汝谦在《中国译日本书综合目录》一书中所作代序《中日之间译书事业的过去、现在与未来》的统计，1660年至1895年间，中译日文书12种，日译中文书129种，而1896年至1911年间，中译日文书则达到了958种。[②] 这一时期，所译日文书籍的最大特点是社会科学、史地书籍分量加大，应用科学、自然科学分量减少。从1896年到1911年，中国和留日人员中翻译、出版日文书籍的机构至少有116家。[③] 同时，哲学著作的译介相当可观，比如井上圆了著、罗伯雅译的《哲学要领》（1902），井上圆了著、王学来译的《哲学原理》（1903），藤井健次郎著、范迪吉译的《哲学泛论》（1903），德国科培尔原著、下田次郎译、蔡元培重译的《哲学要领》（1903），井上圆了著、游学社译的《哲学微言》（1903），第一次较为完整地将西方哲学体系介绍到中国。这些概论性哲学著作，通常是哲学定义，然后是论理学（逻辑学）、认识论或

---

① 熊月之：《西学东渐与晚清社会》，中国人民大学出版社，2011，第367页。
② ［日］实藤惠秀监修：《中国译日本书综合目录》，谭汝谦主编，香港中文大学出版社，1980，第41页。
③ 熊月之：《西学东渐与晚清社会》，中国人民大学出版社，2011，第510页。

形而上学、心理学，最后是伦理学、神学。① 西学的传播有一个渐次的过程，无论是从传播主体，还是从传播内容和传播方式上都发生了显著的变换，这一方面是社会环境导致的；另一方面是国人的眼界和心理不再局限于狭隘的天朝上国的世界内，我们可以从国人对西方科学知识称呼为夷学、西学、新学的转变中管中窥豹。

第四节 章士钊出国留学前西方逻辑在中国传播的情况

章士钊留学之前西方逻辑在中国已经传播发展了一段时间，明末清初之际传教士来到中国，在进行传教的时候为了能够获得统治阶层的帮助，他们带来了西方的科学文化知识，同时也译介了一些西方逻辑学著作；清末的时候西方列强用武力打开了中国的大门，他们在进行经济掠夺的同时也把西方先进的科学文化介绍到了中国，而且中国一些有识之士也有意识地宣传西方的文化，其中也包括了西方逻辑学。

一、西方逻辑第一次传入及其影响

"中国正式接触的西学，应以明末因基督传入带来的学术为其端倪。"② 虽然这些传教士的最终目的是传播基督教，发展教徒，从而

---

① 熊月之：《西学东渐与晚清社会》，中国人民大学出版社，2011，第523页。
② 侯外庐：《中国思想通史》第4卷，人民出版社，1980，第1189页。

在精神上控制中国。但是，鉴于当时中国的政治和文化背景，他们不得不采取迂回的传教路线，把西方的文化知识介绍到中国，其中就包括了西方逻辑学的内容。第一次传入的主要代表人物有利玛窦、高一志、艾儒略、傅凡际、南怀仁和中国知识分子的徐光启、李之藻和杨廷筠等人。

利玛窦于1595年译著《天主实义》，又名《天学实义》，初刻于南昌，冯应京为该书作序，1601年校正重刻于北京，李之藻作《天主实义重刻序》，即为燕贻堂校梓本，并被收入李之藻所辑的《天学初函》。此后《天主实义》多次再版，并于乾隆四十七年（1782）收入《四库全书》。该书分为上、下二卷，共八篇。全书采用晚明讲学仍然盛行的语录体，假设问答，一问一答，一共114回。《天主实义》第一次介绍亚里士多德"十范畴"的概念，初步介绍了西方逻辑学的一些概念和范畴。[1] 他把事物的品类分为两种：自立体和依赖体。事物不依靠它物而能自己成立的，例如天地、鬼神、人类、飞鸟走兽、草木金属石头等都属于自立体。凡事物不能自立，要附属其他事物才能成立的，例如五常（仁义礼智信）、五色（红黄蓝白黑）、五音（宫商角徵羽）、五味（甜酸苦辣咸）、七情（喜怒哀惧爱恶欲）等都属依赖体。[2] 利玛窦紧接着又说明了"依赖者"的九类，分别是："几何""相视""何如""作为""抵受""何时""何所""体势""穿得"。[3]

---

[1] 张胜前：《来华传教士与西方传统逻辑在中国的传播》，南开大学博士论文，2014。
[2] 朱维铮：《利玛窦中文著译集》，复旦大学出版社，2012，第18页。
[3] 朱维铮：《利玛窦中文著译集》，复旦大学出版社，2012，第37页。

1607年，徐光启和利玛窦译出了《几何原本》前六卷，它是第一部译成中文的欧洲数学著作。该书是从1606年开始，先由利玛窦用中文逐字逐句地口头翻译，再由徐光启草录下来的。它的底本是耶稣会罗马学院的德国数学教授克拉维乌斯（1537—1612）1574年编纂的拉丁语版本《欧几里得原本十五卷》（*Euclidis Elementorum Libra XV*）的平面几何部分，为古希腊数学家欧几里得（*Euclide*）所著的《原本》（*Elements*）的修订注释本。《几何原本》第一次全面、系统地介绍了西方传统演绎逻辑体系。它以严密的逻辑推理形式，由公理、公设、定义出发，把古代的几何学知识整理为一个完备的演绎逻辑推演体系。[①]

1615年高一志的《童幼教育·西学》第一次向中国传入"哲学"和"逻辑"概念，并且明确了逻辑在所有学科中的基础地位和作用。他提出，"落热加者（即'逻辑'——作者注），译言明辨之道以立诸学之根基，而贵辨是与非、虚与实、里与表，盖开毛塞而于事物之隐蕴不使谬误也"，哲学由逻辑、物理学、数学、形而上学和伦理学五个部分构成，逻辑是所有学问的基础。[②] 艾儒略所写的所有著作中，与传播西方逻辑学有关的是《职方外纪》和《西学凡》二书。他是第一次全面、系统地把西方教育系统和大学所设学科知识体系传入中国的传教士，尤其是对亚里士多德的传统逻辑基础知识的介绍，堪称第一人。艾儒略在《职方外纪》中只是简略地对欧

[①] 张胜前：《来华传教士与西方传统逻辑在中国的传播》，南开大学博士论文，2014。
[②] 钟鸣旦、杜鼎克等编：《徐家汇藏书楼明清天主教文献（一）》，辅仁大学神学院，1996，第373-380页。

洲的教育体系做一概述,将逻辑翻译为"落日加","译言辩是非之法"。① 而他于 1623 年所写的《西学凡》,则是详细介绍了当时欧洲教育所涉及的全部内容和基本学科,几乎包含了西学的所有内容,"是一本欧西大学所授各科之课程纲要也"②。艾儒略对哲学五个组成部分的基本框架做了比较系统的介绍,其中逻辑"译言明辨之道,以立诸学之根基。辩其是与非、虚与实、表与里之诸法"③,与高一志的介绍基本一致。逻辑体系包括六个方面的内容:落日加之诸豫论,凡理学所用诸名目之解;万物五公称之论;理有之论,即不显形于外,而独在人明悟中义理之有者;十宗论,即天地间万物十宗府;辩学之论,即辩是非得失之诸确法;知学之论,即论实知、与忆度、与差谬之分。④ 他对欧洲中世纪教育体系和学科体系做了比较系统的介绍,也对西方传统逻辑的基本框架做了初步介绍。

《名理探》由傅凡际译义、李之藻达辞。《名理探》原名《亚里士多德辩证法注释大全》(*In Universam Dialecticam Aristotelis*,全名为 *Commentarii Collegii Conimbricensis Societatis Jesu In Universam Dialecticam Aristotelis*),1611 年在德国印行,是 17 世纪葡萄牙科英布拉大学耶稣会会士的逻辑讲义。《名理探》第一部分五卷论"五公",于 1631 年刻印;第二部分五卷讲"十伦",于明末左右付刻;

---

① [意]艾儒略:《职方外纪校释》,谢方校释,中华书局,1996,第 69 页。
② 徐宗泽:《明清间耶稣会士译著提要》,上海书店出版社,2010,第 220 页。
③ [意]艾儒略:《西学凡》,载李之藻编《天学初函》第 1 册,台湾学生书局,1978,第 31 页。
④ [意]艾儒略:《西学凡》,载李之藻编《天学初函》第 1 册,台湾学生书局,1978,第 32-33 页。

后三部分十五卷,据考证也由李之藻译出,但始终未见刻本。从《名理探》的内容分析,该书讲了学习逻辑的预备性知识和关于亚里士多德《范畴篇》当中的十个范畴。在书中,李之藻将Dialecticam意译为"名理探",并解释其意在于"循所已明,推而通诸未明之辩也"①。对于逻辑的作用,李之藻指出"名理乃人所赖以通贯众学之具,故须先熟此学"②。他对于西学知识体系在"诸艺之析"做了全面介绍。所谓"五公",就是指五类概念。分别指宗(genus)、类(specise)、殊(differentia)、独(proprium)、依(accidens)。③ 所谓"十伦",通俗讲就是对世间万事万物分门别类所划的十个区间,《名理探》的译名是指自立体、几何、互视、何似、施作、承受、体势、何居、暂久、得有,也就是现在逻辑学所讲的实体、数量、性质、关系、主动、被动、方位、时间、姿势、情况。④

1683年,南怀仁将汇编60卷的《穷理学》进呈康熙,包括逻辑、文学、数学、机械等诸多学科。《穷理学》因士大夫的反对而未得刊印。此书抄本在后世流传中散失,残存的14卷共16册于19世纪中叶在燕京大学图书馆(现存北京大学图书馆)发现。北京大学图书馆现存的《穷理学》共两函十四卷十六本,其中包括《理辩之五公称》五卷、《理推之总论》五卷、形性之理推第六、八、九卷、轻重之理推第七卷。其中,《理辩之五公称》五卷与《名理探》中

---

① 傅凡际、李之藻:《名理探》,生活·读书·新知三联书店,1959,第15页。
② 傅凡际、李之藻:《名理探》,生活·读书·新知三联书店,1959,第14页。
③ 傅凡际、李之藻:《名理探》,生活·读书·新知三联书店,1959,第91页。
④ 张胜前:《来华传教士与西方传统逻辑在中国的传播》,南开大学博士论文,2014。

五公卷目录内容基本相同，可以认定《穷理学》之《理辩之五公称》五卷就是照搬傅凡际和李之藻共同翻译的《名理探》，《理推之总论》五卷主要讲了亚里士多德的演绎推理也就是三段论的内容。

第一次西学传入的传播者主要是传教士及一些士大夫，传教士大都来自耶稣会，他们译介的逻辑学著作基本上是介绍亚里士多德的逻辑思想。无论是《天主实义》讲述亚里士多德的"十范畴"，还是《名理探》论述亚里士多德的范畴以及他以后的正统经院哲学家的有关哲学论辩问题，以及《穷理学》都没有脱离亚里士多德的方法论、范畴篇、逻辑学和形而上学。

传教士比较全面地介绍了欧洲的教育体系与知识体系，重点突出逻辑的根基作用。比如高一志的《童幼教育》，就是西方的知识体系第一次被介绍到中国。艾儒略的《西学凡》对欧洲中世纪教育体系和知识体系做了比较系统的介绍，也对逻辑的基本框架做了初步介绍。高一志、艾儒略认为逻辑学是"明辨之道"，"以立诸学之根基"；南怀仁的《穷理学》涉及逻辑学与方法论及形而上学，以及数学、天文学、测量、力学与机械、生物学与医学六方面的内容，涵盖了西学的知识体系。傅凡际的《名理探》指出："欲通诸学先须知名理探。"学习逻辑之后，方可进入物理、数学、形而上学、伦理学的学习，"格物穷理之学"的这"五家"则构成了西方中世界哲学知识体系。而只有具备这些知识之后，方可进入神学的学习。鸦片战争前后，林则徐、魏源等先进人士在介绍世界历史地理的过程中又开始致力于导入西方教育，他们主要参考的仍是艾儒略等明清之际来华耶稣会士的著作。① 例如，魏源在《海国图志·大西洋欧罗巴洲各国总叙》中就大段引用了艾儒略《职方外纪》中有关西学六科的文字②，遂开创了近代中国导入西方高等教育的先河③。

首先，这次西学东渐还存在着一定的局限性，受众人群接受和影响的范围并不大。西学的受众人群主要限于博学的士大夫和大部分缺乏文化知识的天主教徒。其次，逻辑在中国学术思想转变过程中的地位与作用。先期来华传教士着力宣传了逻辑在西方知识体系中的地位与作用。南怀仁认为"穷理学"是"百学之根"，是"百学之宗"，是"订非之磨勘，试真之砺石，万艺之司衡，灵界之日光，明悟之眼目，义理之启钥，为诸学之首需者也"。艾儒略在《西学凡》中指出逻辑学在理学即哲学的五个科目中居于首位，必先学之。再次，在这个时期，虽然西学对中国学术界所产生的影响只是局限于某些领域或某些人的思想变化，但它对于中国整个学术思想的转变还是起了一些显著的作用。徐光启、李之藻、杨廷筠都是位高权重之人，都是进士，都曾担任过相当高的官职，最高者是宰相大学士。因此他们的言行具有一定的感召力。他们喜好西学，并且受洗入教，所以他们对待西学的态度和传播西学的行为影响了周围一大批人。④

徐宗泽认为这次西学东渐对中国学术界的影响，不在某种学问

---

① 张胜前：《来华传教士与西方传统逻辑在中国的传播》，南开大学博士论文，2014。
② 魏源：《海国图志》，岳麓书社，1998，第1098-1099页。
③ 肖朗：《明清之际西方大学学科体系的传入及其影响》，《浙江大学学报》（人文社会科学版）2009年第39卷第1期，第179-188页。
④ 张胜前：《来华传教士与西方传统逻辑在中国的传播》，南开大学博士论文，2014。

而在于治学之精神,即以科学之方法研究学问,故其所讨论者皆切实有用之学,裨益国计民生,而在明末至学界上兴起一反动之势力、革新之兴味。① 梁启超指出:"中国知识线和外国知识线相接触,晋唐间的佛学为第一次,明末的历算学便是第二次。在这种新环境之下,学界空气,当然变换,后此清朝一代学者,对于历算学都有兴味,而且最喜欢谈经世致用之学,大概受利、徐诸人影响不小。"②

一方面,由于明朝国力强盛,以利玛窦为代表的西方传教士明智地意识到,在中国传教不能采用当时在基督教世界占主导地位的军事征服策略,而必须采用适合中国国情的适应性策略,与儒家思想进行调适;另一方面,在明朝末年社会剧烈变革的冲击下,以徐光启为代表的受经世致用思潮影响的中国士大夫,在对基督教和西方科技知识尤其是西方传统逻辑有所了解之后,认为它们在一定程度上可能有益于中国社会的进步,具有"补儒"之缺和强国富民的功效。因此他们全身心投入到会通中西、促进中西文化交流的事业中。③

二、西方逻辑第二次传入及其影响

清末,西方列强的坚船利炮打开了清政府闭关锁国的大门,而西方学术在中断一百多年后再次传入中国。在一个多世纪的岁月中,西方学术有了巨大进展,西方逻辑也增加了不少新的内容。

---

① 徐宗泽:《明清间耶稣会士译著提要》,上海书店出版社,2010,第5-6页。
② 梁启超:《中国近三百年学术史》,团结出版社,2005,第9页。
③ 赵克生:《2001年明史研究综述》,《中国史研究动态》2002年第2期,第1-11页。

在传播主体上，在华传教士不再占据主导地位，还有一大批海外留学生、回国留学生和国内的知识分子加入到了传播西方逻辑的队伍中来。

艾约瑟（Joseph Edkins，1823—1905），字迪瑾，英国伦敦会新教传教士和著名汉学家。他在1875年4月第32号的《中西闻见录》上发表了《亚里斯多得里传》一文，后于5月29日在《万国公报》第338卷上转载发表。1886年他译著了《辨学启蒙》，所用的蓝本为英国逻辑学家威廉·斯坦利·耶方斯（William Stanley Jevons）1876年出版的《逻辑初级读本》（*Primer of Logic*）。

这时期向中国全面介绍培根归纳逻辑的当属传教士慕维廉贡献最大。慕维廉（William Muirhead，1822—1900），英国基督教伦敦会传教士。1877年，慕维廉在他的中文笔译口述者沈毓桂的帮助下，以《格致新法》为题摘译培根《新工具》，连载于《格致汇编》光绪三年（1877）的第二、三、七、九卷上；光绪四年（1878）8月至10月，在《万国公报》第十年的五五卷至五百十三卷上转载，分九次刊登，当时未署译者。1888年，慕维廉和沈毓桂完整地全译了培根的《新工具》（*Novum Organum*，1620）上卷一百三十题。题名《格致新机》，由广学会出版。

傅兰雅（John Fryer，1839—1928），英国圣公会传教士。1898年，傅兰雅以英国逻辑学家穆勒（J. S. Mill，1806—1873）《逻辑学体系：演绎和归纳》（*A System of Logic: Ratiocinative and Inductive*，1843）为蓝本，翻译《理学须知》，该书由上海格致书室出版。

20世纪初中国学生赴日留学规模很大，这时期从日本翻译过来的书籍剧增，其中由日本传过来的逻辑著作主要有：1902年9月汪荣宝翻译的留日学生创办的杂志《译书汇编》中的《论理学》（高山林次郎）；林祖同翻译的《论理学达旨》（清野勉）；1903年田吴炤翻译的《论理学纲要》（十时弥）、范迪吉翻译的《论理学问答》；1906年胡茂如翻译的《论理学》（大西祝）、杨天骥翻译的《论理学》、江苏师范编辑的《论理学》（高岛平三郎）；1907年金太仁翻译的《论理学教科书》（高岛平三郎）。

此外，我国学者也自编了许多逻辑学教材，如杨荫杭的《名学教科书》（1902）、韩述祖的《论理学》（1908）、林可培编译的《论理学通义》（1909）、陈文编译的《名学释例》（1910）、王延直纂著的《普通应用论理学》（1911）、蒋维乔的《论理学教科书》（1912）、张子和的《新论理学》（1914年初版，后多次再版）、王章焕的《论理学大全》（1930）、何兆清的《论理学大纲》（1932）等。

一些学者也翻译了西方的逻辑学著作，比如严复翻译了《穆勒名学》和《名学浅说》，王国维翻译了《辨学》。严复译介的《穆勒名学》原名为《逻辑体系：演绎与归纳》，著者为 J. S. Mill，严复翻译为穆勒，该书于1843年出版。《名学浅说》原著名为《逻辑初级读本》（*Primer of Logic*），作者是英国逻辑学家耶方斯。王国维翻译的《辨学》，原名为《逻辑基础教程：演绎与归纳》（*Elementary Lesson in Logic：Deductive and Inductive*），作者是耶方斯。

在传播方式上，除了出版著作外，通过刊物介绍西学知识与实时见闻，是广泛传播西学，扩大西学影响的主要渠道之一，其中比较有代表性的刊物有《中西闻见录》《格致汇编》《万国公报》和

《译书汇编》等。

第二次逻辑学的传入对中国社会产生了重大影响，主要表现在以下四点。

第一，相比第一次传播而言，传教士并不是唯一传播逻辑学的主体，许多国人也自觉主动地加入这个队伍中，说明西方逻辑学的重要性开始逐渐获得国人的认可和重视，有意识地宣传和传播西方逻辑学。从上面所说的传播途径我们可以看出，国人逐渐成为译介和编纂逻辑学著作的主体，他们从客观上加速了西方逻辑学的广泛传播，涌现了一批研究逻辑学的著名学者，比如严复、王国维、张君劢等。严复认为，西洋先进的自然科学技术是形而下的，并不是命脉之所在。"其命脉云何？苟扼要而谈，不外于学术则黜伪而崇真，于刑政则屈私以为公而已。"[①] 他所说的命脉是西方的逻辑学和资产阶级民主制度。严复重视逻辑尤其是归纳逻辑，他说："惟能此术（归纳——作者注），而后新理日出，而人伦仍有进步之期。"[②] 王国维翻译的逻辑著作是建立在对逻辑深刻认识的基础上的。他指出："今日所急者，在授世界最进步之学问之大略，使知研究之方法。"这里的"研究之方法"即逻辑学。[③]

第二，翻译西方著作并出版并不是唯一的传播途径。传教士建

---

① 《论世变之亟》，载董志铁《东西方逻辑的三源交汇与比较研究的兴起》，《北京航空航天大学学报》1999年第4期，第15-20页。
② 《名学浅说》第82页，载董志铁《东西方逻辑的三源交汇与比较研究的兴起》，《北京航空航天大学学报》1999年第4期，第15-20页。
③ 董志铁：《东西方逻辑的三源交汇与比较研究的兴起》，《北京航空航天大学学报》1999年第4期，第15-20页。

立了一些教会学校，他们以西方的教育体系来架构，开始影响中国的近代教育体系的嬗变，逻辑作为基础学科开始通过学校传播。从1846年起，福建、上海等地陆续开办了仿照西式学校的中小学和师范学校。1895年，成立天津北洋西学学堂，1896年更名为国立北洋大学堂。1903年由传教士马相伯在上海创建了震旦大学。至此，中国近代教育体系已初具规模，西方传统逻辑也进入逐渐规范系统的教学和研究。传教士还出版报纸杂志来表达自己的观点，宣传神学思想和西方的文化。他们也创办出版机构，比如宁波华花圣经书房、上海墨海书馆、美华书馆、广学会、益智书会、土山湾印书馆等。

第三，第二次西学东渐的影响和范围比第一次更加深入和广泛。第一次中西文化交流的时候，国人还保持着自身的优越感，绝大部分人认为西方国家只是"蛮夷小国"，对西方的科学文化知识还没有重视起来，只有极少一部分人学习西方的文化知识。进入19世纪以后，西方列强的入侵让有识之士清醒地认识到只有学习西方先进的科学文化知识，才能从根本上改变中国落后挨打的现状。因此，国人在学习西学的过程中迸发出极大的热情，传教士所传播的西学被更多的人所认可和宣传，西学在中国的接受度也就更广。

第四，这次传播为国人认识、了解西方逻辑学打下了基础，使之能在学习逻辑学的前提下有兴趣来进一步翻译介绍西方的逻辑学，更进一步，西方逻辑学的传播也对中国逻辑思想研究的产生起到了一定的促进作用，梁启超、章士钊和胡适等人都是在学习了西方逻辑学的前提下开始探索中国传统文化中的逻辑思想，开展了中西逻辑的比较研究，从而促进了中国逻辑史学科的建立。

五四运动之后，中国人的思想日趋活跃，胡适、陈独秀等人倡导的新文化运动如火如荼。他们"反传统、反孔教、反文言"，提倡民主和科学。章士钊对此撰写了一系列文章进行评论，他在《新时代之青年》中说："今人讲新文学，颇采报端之见，挥斥一切旧者，欲从文学上划出一纪元，号之曰新。愚谓所见太狭，且亦决不可能。……今之社会道德，旧者破坏，新者未立，颇呈青黄不接之观……人心世道之忧。莫切于此。……无论改造，无论解放，俱不可不以旧有者为之基础。则此种名词悉可纳诸调和之中。"因此，他认为："新机不可滞，旧德亦不可忘，挹彼注此，逐渐改善，新旧相衔，斯成调和。"①章士钊强调要尊重中国的传统文化和历史发展，无论改造还是解放，都必须在旧文化的基础上进行。那么如何建设新文化呢？他注重新旧之间的融合。他认为，正因为新社会、新时代、新文化与旧社会、旧时代、旧文化是承续的关系，所以新社会、新时代、新文化应该对旧社会、旧时代、旧文化有所继承、创新，都要以保旧为基础。特别是在文化融合和引进外来文化（主要是指西方文化）的过程中，要注意与中国固有文化的结合、协调，而不能将中国固有文化一概斥为旧而扫除之。②章士钊说："凡欲前进，必先自立根基。旧者，根基也。不有旧，决不有新，不善于保旧，决不能迎新；不迎新之弊，止于不进化，不善保旧之弊，则几于自杀。"③

章士钊抱持文化精英论的态度，认为文化是少数精英人物所创

---

① 章士钊：《章士钊全集》第4卷，文汇出版社，2000，第111-114页。
② 郭华清：《论章士钊的调和史观》，《史学月刊》2007年第6期，第13-18页。
③ 章士钊：《章士钊全集》第4卷，文汇出版社，2000，第114页。

造的，他指出："文化为物，其精英乃为最少数人之所独擅，而非士民众庶之所共喻。"① 章士钊认为文言文有着白话文所无法比拟的表意系统和应用基础，"文言贯乎数千年，意无二致，人无不晓"，"二千年外之经典，可得朗然诵于数岁儿童之口"，而白话文"诵习往往难通"。② 他觉得文言文高雅典丽，"今之白话文，差足为记米盐之代耳"，"作白话而欲其美，其事之难，难如登天"。③

章士钊的文化思想主张直接影响了他的学术研究，比如他的著作和文章都是用文言文写成的，在写《逻辑指要》时，他以欧洲逻辑为经，本邦名理为纬，立足于中国传统文化，引进西方逻辑学，从旧思想中挖掘新文化，使之融会新旧，贯通中西。

第五节　章士钊出国留学经历

1908年5月，他在上海《学报》发表了《康德美学》，这是他出国前所写的一篇文章。康德是德国古典哲学家，对美学和逻辑学都有研究。可以推测，在阿伯丁大学学习逻辑之前，章士钊已经对西方逻辑有所涉猎。20世纪初，西方传统逻辑已经发展得比较完善，从早期以亚里士多德为代表的演绎逻辑到近代培根、穆勒的归纳逻辑，都已经成熟。从笛卡尔、霍布斯、莱布尼兹开始出现了现

---

① 章士钊:《章士钊全集》第4卷，文汇出版社，2000，第214页。
② 章士钊:《章士钊全集》第5卷，文汇出版社，2000，第214页。
③ 章士钊:《章士钊全集》第5卷，文汇出版社，2000，第236页。

代逻辑的萌芽，布尔第一次实现了莱布尼兹关于逻辑的代数演算的设想，成为现代形式逻辑真正的奠基者与初步创立者。之后弗雷格和罗素加以继承和发扬。因此，我们可以认为章士钊应该对西方传统逻辑进行了系统的研究和学习，而且对西方现代逻辑的知识有所了解和认识。我们也可以从《逻辑指要》中得到验证："旧逻辑一方以心理社会诸学为敌，辙乱而旗靡；一方又以数学为友，异军苍头以起。盖有隶么甘（DeMorgan）、蒲尔（Beole）诸家，远绍来布尼茨之说，以数理之巧思，立逻辑之本系；形式论得此高呼，万象昭苏。……罗素与槐特赫德（怀特海）者，数理逻辑之两斗星也，平生用力，在以全部数学，沉浸于逻辑方式之中。甚而物理，而力学，而其他诸科，亦俱令假途数学，逐渐偕化于形式逻辑封域之内。"①从这段话中我们发现他推崇逻辑的数学化，乃至数理逻辑。

章士钊接受专业逻辑思想是在英国。他1907年进入詹姆斯·穆勒的母校爱丁堡大学（约翰·穆勒接受的是其父詹姆斯·穆勒的家庭教育）。1909年进入阿伯丁大学（章士钊称之为厄北淀大学）学习。其逻辑思想主要受到戴维逊、耶方斯和穆勒的影响。

2010年起与英国阿伯丁大学多次查询沟通，一直未能找到关于章士钊的学习记录。2017年8月底，校方管理人员通过大量细致的工作，经人工查找原始档案才最终确认：章士钊于1909年入学时，他的名字被大学员工错误地拼写成了Chang Shi-chao，住址是德文郡路34号（34 Devonshire Road），出生日期也被错登为1885年，出生

---

① 章士钊：《章士钊全集》第7卷，文汇出版社，2000，第306-307页。

地中国长沙。学校查到当时的（Chang-Zi Yang）给出的住址也是德文郡路 34 号，而杨昌济是经章士钊和杨毓麟向清政府派往欧洲的留学生总监蒯光典推荐的，所以蒯光典才调其去英国深造。杨昌济于 1909 年春天从日本直接前往英国，当时章士钊在该校学习，章士钊和杨毓麟与学校当局联系，杨昌济被哲学系录取。当时在此的中国学生只有三杨（杨昌济、杨毓麟、杨曾诰）和章士钊四个人，所以 Chang Shi-chao 必定是章士钊无疑。

校方给出其学习记录如下：

日期	1909—1910	1910	1910—1911	1911—1912
主题	逻辑	逻辑	政治经济	政治经济
—	—	国际私法	宪法和历史	道德哲学
—	—	—	—	英语

校方还说明戴维森教授在 1895—1926 年教授逻辑课，在 1909—1910 年期间很有可能教了章士钊。同时逻辑学助教哈罗德（Harold E. B. Speight）硕士应该也指导过章士钊学习逻辑。

戴维森出生在阿伯丁，并在阿伯丁大学任教直到 1926 年去世。在 1885 年出版的《定义的逻辑》（The Logic of Definition）和 1907 年出版的《斯多葛派的信条》（The Stoic Creed）二书作为此间的逻辑教材讲授。《定义的逻辑》中制定和阐述了定义的原则，语言及其含义，定义的性质及其模式，定义的界限及其特点，归纳定义和演绎定义，并对法律、学校和哲学词汇等都做了定义的解释。《斯多葛派的信条》书中按照时间顺序详细介绍了斯多葛学派各个时期的思想及评价。

　　章士钊在此受到了极其系统的逻辑学习和训练，在其后的学术中大量地运用了逻辑的定义。譬如他认为学术专用名词必须有公认的内涵与外延，逻辑学译名的正名问题是首要问题，是逻辑学研究中的最大障碍。在他的逻辑研究成果中如内涵、命题、前提等逻辑学名词，至今仍在运用。又如他在讲到逻辑的立界时，引用穆勒的话：逻辑不给人以证明，而能教人什么东西可以证明，以及如何来决定他的印证的是非；不说某件事的证明是某件事，而说用什么因果关系，这可以证明对方。他为逻辑所做的界说为：逻辑者依据法式综核名实以正其思之学。这一界说实际上借鉴并加入了耶方斯的观点。耶方斯认为为逻辑作诂，一则曰典要，再则曰经，始终不脱法之一念，良非无故。标准一致而不改变，事物可以在标准之下周流而无穷，在不改变标准的情况下，以不变应万变，这才是逻辑。章士钊认为"以此补充界义，更为周切"。

第一章

章士钊逻辑思想的初步形成

自章士钊于 1907 年赴英国学习逻辑、政治法律开始，先后发表了大量的政论文章，并自觉将逻辑分析方法运用到政论写作中，创立了新的写作文体——逻辑文，产生了广泛影响。自 1910 年 11 月 22 日在《国风报》发表的第一篇逻辑专论《论翻译名义》，到第一部逻辑专著《逻辑指要》出版，章士钊发表了近 30 篇逻辑文章，均收录于 2000 年文汇出版社出版的《章士钊全集》中，我们将这一时期称为章士钊逻辑思想的初步形成时期。

研究内容主要包括但不限于对 Logic 译名的关注与讨论，对"名学与墨学"的初步研讨，以及对"墨学"的专门研究；同时还有对西方逻辑的初步研究，以及《墨经》与西方逻辑、印度因明的比较研究等。呈现了章士钊逻辑思想发生发展，以及初步形成的过程，为其逻辑著作和逻辑思想体系的最终形成奠定了坚实的基础。

第一节 章士钊逻辑思想的发生过程

纵观中外著名学者学术思想的形成，均有从发生、发展到最终形成的过程。如果说《逻辑指要》的出版标志着章士钊逻辑思想的形成，那么在该著成稿以前关于逻辑以及相关理论的讨论都是其逻辑思想形成的前提与基础，其基于逻辑分析方法基础上创立的新文体——逻辑文，为其逻辑问题的研究和学术论文的写作提供了重要保障。

一、对 Logic 译名的关注与讨论

逻辑第二次传入中国之初，由于文化立场、知识背景和逻辑观的差别，学界对 Logic 的译名存在差异，有"名学""辩学""论理学""理则学"等参差不齐，章士钊主张采用音译，翻译为"逻辑"，虽然严复曾提出翻译为"逻辑"，但一直倡导并坚持翻译为"逻辑"，并被确定下来一直沿用的则是章士钊。

讨论译名的相关文章主要有：

1910 年 11 月 22 日发表的《论翻译名义》，收录于《章士钊全集》第 1 卷第 448 至 454 页。提出翻译为"逻辑"一词。他从六个方面讨论了义译、音译的得失。

1912 年 4 月 18 日发表的《论逻辑》，收录于《章士钊全集》第 2 卷第 198 至 200 页。对王季同提出的"谓正名非阴达逻辑"做出了解答。逻辑共分为两部，题达逻辑"deduction logic"之义译即演绎，阴达逻辑"induction logic"正名之事，本于假定，其得以假定者，乃出于博学、审问、慎思、明辨，是真阴达逻辑之精髓也。夫科学定名，确为逻辑之事，惟命意遣词，则与逻辑无关。

1912年4月21日发表的《〈释逻辑〉——答马君育鹏、张君树立》，收录于《章士钊全集》第2卷第210至212页。对两人提出的阴达、题达、逻辑的解释，对出于何书做出解答。

1912年5月1日发表的《逻辑与行政系统》，收录于《章士钊全集》第2卷第247至250页。对王季同提出的"阴达逻辑之立一命题，苟有一现象与之冲突，其命题便不能成立，……而正名则不必尽然"。

1912年5月17日发表的《〈论译名〉——答张君礼轩》，收录于《章士钊全集》第2卷第302至304页。针对张礼轩提出的"或曰名学、曰辨学、曰论理学，即未研究斯学者，皆可得其大意。至云逻辑，直有不识为何物者矣"[①]做了回答。认为张君只看到了义译之利，却未看到义译之害。

1912年7月6日发表的《张君礼轩论翻译名义函附语》，收录于《章士钊全集》第2卷第400至403页。针对读者的提问做了说明，并就翻译问题在附录中刊登了张礼轩的原文《论翻译名义——致〈民立报〉记者》。

1912年9月22日发表的《〈论译名〉——答李禄骥、张景芬两君》，收录于《章士钊全集》第2卷第541至545页。该文也是对读者商榷之文的回复，同时附有李禄骥、张景芬两君的致记者函，主要还是讨论译名的问题，对章士钊提出的音译提出疑问，章士钊对此做了回答。

---

① 章士钊：《章士钊全集》第2卷，文汇出版社，2000，第303页。

第一章 章士钊逻辑思想的初步形成

1914年5月10日发表的《译名》，收录于《章士钊全集》第3卷第67页。章士钊不同意胡氏所认为的"音译之名不当立，凡译皆从其义，袭其音乃借用，非译也"的说法。他从理论和历史上阐述了音译也是翻译的一种，有其存在的必要。指出义译名词实际上是对名做的界定，这样的名字容易引起争议。所以我们可以以音译作为它的名，这样就没有什么争论的，而争论的只是它的定义。胡氏认为名应该由专家进行抉择，然后再由政府审定颁行。章士钊认为："此浅近习语，法诚可通。若奥文深义，岂可强迫？愚吐弃名学而取逻辑者也，决不能以政府所颁，号为斯物，而鄙著即盲以从之，且政府亦决无其力，强吾必从。"① "惟置义不论，任取一无混于义之名名之，如科学家之名新原素者然，则只须学者同意于音译一点，科名以立，讼端以绝，道固莫善于此也。"② 在文中最后注释中，他还提出了译名中的一种现象，"近来文人通病每不肯沿用他人已定之名，愚则颇自戒之。名学之名，创于侯官严氏，愚不用之，非以其为严氏所创，乃以其名未安也。故逻辑二字，亦严氏始用之，愚即沿而不改，是即音译可免争端之证"③。

1914年5月10日发表的《〈论逻辑〉——答吴君宗穀》，收录于《章士钊全集》第3卷第79至80页。1914年6月10日发表的《〈逻辑〉——答吴市君》，收录于《章士钊全集》第3卷第167至169页。1914年11月10日发表的《〈译名〉——答容挺公君》，收

---

① 章士钊：《章士钊全集》第3卷，文汇出版社，2000，第68页。
② 章士钊：《章士钊全集》第3卷，文汇出版社，2000，第68-69页。
③ 章士钊：《章士钊全集》第3卷，文汇出版社，2000，第69页。

录于《章士钊全集》第 3 卷第 330 页。1915 年 6 月 17 日发表的《〈论逻辑〉——答徐君衡》，收录于《章士钊全集》第 3 卷第 457 至 458 页。这几篇文章均是对逻辑的讨论，其核心是如何翻译的问题，甚至提出成立译名统一会，以共同研究译名的问题。章士钊讲解了翻译的规则，同时还讨论了逻辑的研究范围和对象的问题。

以上均为章士钊围绕 Logic 的定名问题而展开，可见他对学术研究中"定名"问题的重视。"名不正则言不顺"，面对当时"名学""辩学""论理学"等各种义译的盛行，章士钊舍义取音建议以"逻辑"定名，最终学术界经过反复讨论，接受了他的建议并流传至今，为逻辑学在中国的顺利发展做出了重要贡献。

二、对"名学"与"墨学"的初步讨论

1920 年 10 月 25 日发表的《名学他辨》，收录于《章士钊全集》第 4 卷第 124 至 134 页。章士钊指出"名学有'他辨'一门，颇称精要，为当时辩者所树壁垒，例证之散见于《墨经》者甚众，若能详辑而讲求之，通其义法，列为条例，将不失为发扬古学之一大观"。[①] 章士钊认为公孙龙《通变篇》中的"他辨"与《墨经》中的"争彼"相同，"他"和"彼"相当于西方逻辑的中词，或者媒词。"他辨"和《墨经》中的"举彼"和"推式"都类同于三段论式。另外，《墨经·大取》中的三物论类似于西方的三段论和印度因明的三支论式。他还对《墨经》的性质、原则、方法和规则进行了

---

① 章士钊：《章士钊全集》第 4 卷，文汇出版社，2000，第 124 页。

分析和阐释。他希望借此文"稍稍发其端,以待善述之士用力探索"①,发扬先秦名墨思想。

1923年11月6日发表的《墨学谈》,收录于《章士钊全集》第4卷第273至275页。章士钊在该文中谈及了梁启超、胡适、章太炎、张子高、张仲如等研究《墨经》的情况,在肯定其他学者研究成就的基础上,并就个别经说发表了自己的观点。

1923年11月10日发表的《名墨訾应论》,收录于《章士钊全集》第4卷第279至284页。对先秦名学,以及名学与辩学的相关问题提出了自己的看法,认为惠施、公孙龙既不是墨家正宗,也不是别墨,他们和墨子分别属于不同的派别;《墨经》既非墨子自著,也非惠施、公孙龙所作,而是后期墨家的集体创作。② 章士钊的这些观念为后人所接受,对先秦墨家思想的挖掘和深化做了基础性的工作,对中国古代名辩思想的研究产生了一定的影响。

1923年11月11日发表的《章氏墨学一斑》,收录于《章士钊全集》第4卷第285至288页。该文是章士钊与章太炎商榷的文章,或者说是章士钊与章太炎就墨学相关问题的讨论,源于章太炎读章士钊的《墨学谈》之后。

1923年11月17日发表的《墨辩之辩》,收录于《章士钊全集》第4卷第294至296页。该文刊登的是胡适、章太炎写给章士钊的书信,实际上是胡适和章太炎以讨论治学方法为主的商榷文章,文

---

① 章士钊:《章士钊全集》第4卷,文汇出版社,2000,第134页。
② 中国大百科全书编辑委员会《哲学》编辑委员会:《中国大百科全书·哲学I》,中国大百科全书出版社,2002,第552页。

中并没有章士钊讨论的内容。

1923年11月27—28日发表的《墨辩三物辩》，收录于《章士钊全集》第4卷第304页。对胡适、章太炎在墨辩中对"辩争彼也"的不同理解进行讨论。

1923年12月15日发表的《书墨经正义》，收录于《章士钊全集》第4卷第323页。对《墨子间诂校补》和《墨经校释》里的问题进行讨论。

1924年1月25日发表的《名墨訾应考》，收录于《章士钊全集》第4卷第356页。对惠施之学不出于墨，结合《经》《说》内容进行推究。

1925年10月17日发表的《〈墨学〉——答陈伯朒》，收录于《章士钊全集》第5卷第369页。对陈伯朒提出的"中无"和"端中"进行解答。

1925年12月5日发表的《名墨方行辩》，收录于《章士钊全集》第5卷第523页。对《墨学玄解》作者提出的"三行"问题进行解答。

三、对"墨学"的专门研究

《章氏墨学》共计15篇，在1925年10月至1927年2月期间发表在《甲寅周刊》中，是章士钊对《墨经》的专门研究。其主要内容是对《墨经》文献的考证训诂和用西方逻辑和哲学阐释《墨经》所含的义理和逻辑。比如，"《经》不坚白，说在无久与宇。坚白，说在因。《说》无坚得白，必相盈"①，意在驳斥公孙龙之不明"久"与"宇"之义，只重主谓两词的组合，不重两词与第三物的联谊，只看到事物的名，而忽视事物的实，即德性。同时，章士钊对自然哲学也有所探讨。如"久""宇"之义与"动""静"之义。另外，在人生观上，章士钊认为墨家的苦行说与英国哲学家边沁的功用主义亦有同趣之妙。如"《经》唱和同患，说在功。《说》唱无过，无所周。……"，释此曰："功"者，在欧语曰"酉惕力帖"，有时曰"用"，或综曰"功用"。英儒边沁倡导此说最力，意以人生苦乐为改造法律之基，其理想全与墨义相符，亦一奇也。②

1925年10月24日发表的《章氏墨学》，收录于《章士钊全集》第5卷第399至400页。开始把自己笔记以暇录出，遇便即书，不依定序，为同人整理国故之一助。命名为《章氏墨学》一是从主人，二是不忘章太炎之教。

[经] 以言为尽悖，悖，说在其言。

[说] 以：悖，不可也。之人之言可，是不悖，则是有可也。之人之言不可，以当，非不审。

1925年10月31日发表的《章氏墨学》，收录于《章士钊全集》第5卷第427至429页。

---

① 章士钊：《章士钊全集》第5卷，文汇出版社，2000，第513页。
② 章士钊：《章士钊全集》第6卷，文汇出版社，2000，第20页。

［经］知其所以不知。说在以名取。

［说］我有若视曰知，杂所知与所不知而问之，则必曰：是所知也，是所不知也。取去俱能之，是两知之也。

1925年11月27日发表的《章氏墨学》，收录于《章士钊全集》第5卷第456至458页。

［经］止，因以别道。

［说］以人之有黑者有不黑者也。止黑人，与以有爱于人有不爱于人。止爱人，是孰宜止？彼举然者，以为此其然也，则举不然者而问之。

1925年11月14日发表的《章氏墨学》，收录于《章士钊全集》第5卷第480至481页。

［经］䍆，间虚也。

［说］䍆：间虚也者。两尢之间，谓其无尢者也。"尢"字人们都误以为"木"。

［经］盈，莫不有也。

［说］盈，无盈、无厚，于尺无往而不得。

1925年11月21日发表的《章氏墨学》，收录于《章士钊全集》第5卷第492至493页。

[经] 不知其数而知其尽也，说在问者。

[说] "不一一知其数，恶知爱民之尽之也。或者遗乎？"其问也。"尽爱人则尽爱其所问，若不知其数而知尽之，尽之也无难"。

[经] 相，尽也。

[说] 无说。

[经] 尽，莫不然也。

[说] 尽，但止动。

1925年12月5日发表的《章氏墨学》，收录于《章士钊全集》第5卷第542至545页。

[经] 学之无益也，说在诽者。

[说] 学也，以为不知学之无益也，故告之也。是使知学之无益也，是教也。以学为无益也教悖。

[经] 非诽者悖，说在弗非。

[说] 非诽，非己之诽也。不非诽，非可非也，不可非也。是不非诽也。

[经] 诽之可否？不以众寡。说在可非。

[说] 诽，诽之可不可，以理之可非。虽多诽，其诽是也。其理不可诽，虽少诽，非也。今也谓多诽者不可，是犹以长论短。

[经] 圜，中正南也。[说] 无。"圜"旧作"日"，古代与○同字，圜，天体也。——《说文》浑圆为圜，平圆为圆。后人不明本义，以形近日，妄改为日。

　　[经] 直参也。

　　[说] 无。

　　[经] 圜，一中同长也。

　　[说] 圜，规写交也。

　　[经] 方，柱隅四杂也。

　　[说] 方：矩写交也。

1925年12月12日发表的《章氏墨学》，收录于《章士钊全集》第5卷第567至569页。

　　[经] 知，闻说亲。

　　[说] 知，传受之，闻也。方不瘴，说也。身观焉，亲也。

　　[经] 闻，传亲。　[说] 闻，或告之，传也。身观焉，亲也。

　　[经] 必，不已也。

　　[说] 必，谓台执者也。若弟兄，一然者，一不然者，必不必也，是非，必也。

　　[经] 假必悖，说在不然。

　　[说] 假，假，必非也而后假。狗，假虎也，犹止（旧作氏）霍也。

"虎"过去误为"霍"。"氏"与"止",笔画相仿,形近,致使误写。

1925年12月19日发表的《章氏墨学》,收录于《章士钊全集》第5卷第592至595页。

［经］知,材也。［说］知材,知也者。所以知也。而必知。若明。

［经］知,接也。［说］知,知也者,以其知过物而能貌之。若见。

［经］知,明也。［说］知也者,以其知论物,而其知之也著,若明。

［经］狂举不可以知异,说在有不可。

［说］狂,牛与马虽（旧作惟）异,以牛有齿、马有尾,说牛之非马也,不可,是俱有,不偏有偏无有。曰:牛（旧作之）与马不类,用牛有角、马无角,是类不同也,若举牛有角、马无角,以是为类之不同也,是狂举也。犹牛有齿,马有尾。

［经］谓辩无胜,必不当,说在辩。

［说］谓,所谓,非同也,则异也。同则或谓之狗,其或谓之犬也。异则或谓之牛,牛或谓之马也。俱无胜,是不辩也。辩也者或谓之是,或谓之非,当他（旧作也）者胜也。

［经］取,下以求上也。说在泽。

［说］取,高下以善不善为度,不若山泽,处下善于处上,

下所取（旧作请，音近而误）。上也。以此反驳惠施"山与泽平"之说。

1926年1月2日发表的《章氏墨学》，收录于《章士钊全集》第6卷第18至21页。

　　［经］谓，移举加。
　　［说］谓，狗犬，命也。狗大（旧作犬），举也。叱狗，加也。"谓"是 Predicabies。
　　［经］同，重体合类。［说］同，二名一实。重同也。不外于兼。体同也，俱处于室，合同也，有以同，类同也。
　　［经］同，异而俱与之一也，同异交得。［说］同异交得。
　　［经］唱和同患，说在功。［说］唱无过，无所周，若稗（旧作粺）和无过，使也。不得已，唱而不和，是不学也。智少而不学，功（旧作脱）必寡。和而不唱，是不教也。智多（旧作脱）而不教，功适息，使人夺人衣，罪或轻或重；使人予人酒，功或厚或薄。

1926年1月16日发表的《章氏墨学》，收录于《章士钊全集》第6卷第75至76页。

　　［经］端，体之无序而最前者也。［说］端是无同也。
　　［经］始，当时也。［说］始时或有久，或无久，始当

无久。

1926 年 1 月 30 日发表的《章氏墨学》，收录于《章士钊全集》第 6 卷第 122 至 123 页。

［经］法，所若而然也。
［说］法：意规员三也俱，可以为法。这是《墨辩》三物必具之义。
［经］佴，所然也。
［说］佴：然也者，明（旧作民）若法也。这是命题立界。

1926 年 2 月 21 日发表的《章氏墨学》，收录于《章士钊全集》第 6 卷第 161 至 162 页。此篇主要讲述《大取》的五个概念。一是厚亲不称行而类行，其类在江上井。二是不为己之可学也。其类在猎走。三是爱人非为誉也，其类在逆旅。四是苟是石也白，败是石也，尽与白同。是石也唯大，不与大同。五是杨木之木，与桃木之木也同，诸非以举量数命者，败之尽是也。

1927 年 1 月 15 日发表的《章氏墨学》，收录于《章士钊全集》第 6 卷第 428 至 429 页。

［经］知，闻说亲。
［说］知，传受之，闻也。方不厚，说也。身观焉，亲也。
［经］库，易也。

［说］库，区穴若，斯貌常。

1927年2月12日发表的《章氏墨学》，收录于《章士钊全集》第6卷第487至488页。

［经］仁义之为内也病（旧作内），说在仵颜。

［说］仁，仁，爱也；义，利也。爱利，此也。所爱利，彼也。爱利不相为内外，所爱利亦不相为内外。其谓（旧作为）。仁内也，义外也。举爱与所利也，是狂举也。若左目出，右目入。

［经］惟吾谓，非名也。则不可，说在彼（旧作仮）。

［说］惟，谓是霍可，而犹之非乎霍也，不可。谓彼是，是也。谓者毋惟乎其谓，彼犹惟乎其谓，则吾谓行。彼若不唯乎其谓，则不行也。

从章士钊整个治墨的过程看，从源流的考据到建立立论，从逻辑的梳理到阐释《墨经》的义理和逻辑，再到以《墨经》逻辑说明中国古代就有逻辑之思想，体现了他对墨学研究循序渐进的特点。刘培育认为章氏墨学研究的贡献主要在于"以逻辑内容为指归，对中国名辩思想史料做了比较全面的搜寻和翻检，挖掘了其中的逻辑内容，用力之勤前无古人"。[①]

---

① 刘培育：《20世纪名辩与逻辑、因明的比较研究》，《社会科学辑刊》2001年第3期，第14-18页。

四、对逻辑的初步研究

1925年12月26日发表的《逻辑》，收录于《章士钊全集》第5卷第621至624页。对定名问题进行了详细介绍。1926年1月9日发表的《逻辑》，收录于《章士钊全集》第6卷第37至38页。对于逻辑的立界做了简要说明。1926年3月20日发表的《逻辑——命题》，收录于《章士钊全集》第6卷第213至215页。对命题做了详尽讲解。

第二节 章士钊主要逻辑思想及成果述介

章士钊逻辑思想的初步形成时期，基于其教学实践和理论研究发表了很多逻辑文章，主要围绕 Logic 翻译、名墨之辩、名学他辩，以及章氏墨学等方面进行了论述，并较为详细地阐述了学术观点及思想。

一、Logic 应译为"逻辑"

20 世纪初，随着西学东渐的不断深入，西方逻辑学从明末清初零星地传入到现在作为一门学科开始系统地传入中国，许多逻辑著作被翻译出版，在系统译介西方逻辑理论的同时，学者们面临的首要问题就是 Logic 确切的翻译问题。

严复、孙中山、王静安、章太炎、梁启超等国内许多从事逻辑学研究的学者对 Logic 的译名问题做了深入的研究，但观点有别。严复、胡适等学者把"Logic"译为"名学"；王静安等学者则称之为"辩学"；林可培、梁启超、张子和等留日学者借用日本学者的翻译，称之为"论理学"。孙中山反对译为"论理学"，主张译为"理则学"。"然则逻辑究为何物？当译以何名而后妥？作者于此，盖欲有所商榷也。凡稍涉猎乎逻辑者，莫不知此为诸学诸事之规则，为思想行为之门径也。人类由之而不知其道者众矣，而中国则至今尚未有其名。吾以为当译之为'理则'者也。"①

章士钊认为学术专用名词必须有公认的内涵与外延，逻辑学译名的正名问题是首要问题，是逻辑学研究中的最大障碍。同时，针对逻辑学专业名词翻译差异化，且不利于学科发展的现状，章士钊极力赞成吴市提议成立"译名统一会"②，并评价此举"最称硕画"，但此项提议因为社会局势持续动荡最后搁浅。

他前后发表《论翻译名义》（1910）、《论译名——答张君礼轩》（1912）、《译名——答容挺公君》（1914）、《逻辑·定名》（1925）等九篇文章，详细讨论了义译与音译的利弊得失，并针对"Logic"一词的翻译问题与胡适等诸多学者进行多番探讨乃至争论，一一列举并严密论证了当时把逻辑学称为"名学""辩学""论理学"等做

---

① 中国社科院近代史所等：《孙中山全集》第 6 卷，中华书局，2011，第 184 页。
② 吴市致《甲寅杂志》记者函中还提到玄奘翻译佛典提到的秘密不翻、多含不翻、此方无不翻、顺古不翻、尊重不翻五不翻原则，"逻辑"一语兼跨多含、此方无和尊重三例之域。提议创立"译名统一会，互相折衷，定其一是"。详见章士钊：《章士钊全集》第 3 卷，文汇出版社，2000，第 168-169 页。

法的缺陷与不足，证明了"欲于国文中觅取一二字，与（欧洲）原文意义之范围同其广狭，乃属不可能之事"这一观点，从而指出对于"Logic"一词的翻译，义译不可取。以义译名，未能与"Logic"一词相吻合，亦即广狭不称。而且有四个最不能犯的错误：一是斗字；二是傅会，比如严复译 Syllogism 为连珠；三是选字不正，分为字义和字面两方面；四是制名不简洁，比如严复译 Conversion 为调换词头，而日文译为换位更有特点而简洁。义译之名，易生歧义和矛盾，最显著的弊害在于无论选字如何精当，所译之名不是原名，而是原名的定义，翻译为"论理学"或译为"名学"和"辩学"都是不科学的。我国的文字与西方的有很大不同，无法采用他国文字，而以音译名可以弥补这个短处。"语其利也，则凡义译之弊，此皆无有，即为其利。至语其害，则人或觉其生硬不可读外，可谓无之。且此不过苦人以取不习，终不得谓之为害。此种苦处，习之既久，将遂安之。"① 比如"佛经名义之不滥者"，音译乃是一大保障，般若等字，未闻有人苦其难读者。章士钊肯定了音译之利，他提出将 Logic 进行音译，废除原有的"名学"等各种名字，统称为"逻辑"。他认为以音译名，可以补其短，"逻辑"一词最适于标作符号之用。

另外，章士钊在其逻辑研究成果中，运用一些至今仍用的逻辑学名词，如内涵、命题、前提等，这些都是他对于逻辑学的贡献。但是，因为他一贯主张音译或采用中文古名，仍有部分术语，如归

---

① 章士钊：《章士钊全集》第 1 卷，文汇出版社，2000，第 453—454 页。

纳和演绎，他译作阴达逻辑（induction，即归纳）和题达逻辑（deduction，即演绎），有时亦称为内籀、外籀，而"二者之特征及其区别，未加详说"①。

"近代著名启蒙思想家严复（1853—1921）在《穆勒名学》（1903年译自穆勒的《逻辑体系》一书）中首次用"逻辑"二字作为英文logic的音译。"②"案逻辑此翻名学。其名义始于希腊，为逻各斯一根之转。……故今日泰西诸学，其西名多以罗支结响，罗支即逻辑也。……而本学之所职称逻辑者，职如贝根吉，是学为一切法之法，一切学之学；明其为体之尊，为用之广，则变逻各斯为逻辑以名之。学者可以知其学之精深广大矣。逻辑最初译本为固陋所及见者，有明季之《名理探》，乃李之藻所译，近日税务司译有《辨学启蒙》。曰探，曰辨，皆不足与本学之深广相符。必求其近，姑以名学译之。"③但"章士钊于1917年完成初稿的《逻辑指要》是中国第一部以'逻辑'命名的著作"。④ 章士钊大胆而自信地倡立了"逻辑"这一颠扑不破的学科名字。虽然逻辑学这一学科的知识尚未普及，而"逻辑"却成为在现代汉语中使用频率较高的一个外来词。

二、名学他辨

1920年10月25日发表在《东方杂志》上的文章《名学他辨》

---

① 章士钊:《章士钊全集》第7卷，文汇出版社，2000，第298页。
② 刘邦凡:《关于"逻辑"一词》,《哈尔滨师专学报》1998年第4期，第33页。
③ [英]约翰·穆勒:《穆勒名学》，严复译，商务印书馆，1981，第2页。
④ 张晓翔:《"逻辑学"名称之考辨》,《毕节学院学报》2014年第6期，第22页。

标志着章士钊开始对先秦名、墨逻辑思想进行研究。他指出"名学有'他辩'一门，颇称精要，为当时辩者所树壁垒，例证之散见于《墨经》者甚众，若能详辑而讲求之，通其义法，列为条例，将不失为发扬古学之一大观"。[①] 他希望借此文"稍稍发其端，以待善述之士而已"[②]，发扬先秦名墨思想。

《名学他辩》一文以《公孙龙子·通变篇》中"他辩"二字和《墨经》中"辩，争彼[③]也"为切入点，通过对"他"和"彼"的独到新颖的解释，指出"他"和"彼"在辩论中同为第三物，并以此为媒介"明前两物相与之谊"，进而提出《墨辩》三物论。同时，他指出"他"和"彼"相当于西方逻辑中的中词或媒词，三段论以中词为媒，《墨辩》三物论以"彼"为媒来进行推理。他认为明确这一点是正确理解先秦名墨思想的基础，还指出墨家的"三物论"类同于西方逻辑的三段论和印度因明的三支论式。

在对"辩，争彼也"解释的基础上，章士钊还阐明了墨家逻辑的本性、原则和方法。他指出《墨经》是求真的学问，墨家逻辑的原则是以所知昭所不知，以所明正所不知。章士钊进而对"效"这一墨家逻辑的规则进行了阐释，还考察了传递关系。

章士钊还指出了墨家逻辑的三个规则：其一为他词必尽物一次，即三段论法之他词（即中项、中词）必尽物一次。此为墨家所立之大效；其二为端词（大、小项）在前提中未尽物者，在断案（即结

---

① 章士钊：《章士钊全集》第4卷，文汇出版社，2000，第124页。
② 章士钊：《章士钊全集》第4卷，文汇出版社，2000，第134页。
③ 同"攸"。

论）中不可尽物；其三为他词必正。

　　《名学他辨》中所表达的观点是章士钊对先秦名墨思想研究的一个标志性成果，此后其关于中国先秦逻辑史研究的思想发展基本上是围绕这一观点的拓展、深化和完善。章士钊的这一观点在当时学术界颇为新颖，一经刊出便引起了广泛关注和强烈反响。与此同时，学术界的强烈反应亦激起了章士钊对先秦名墨思想的极大兴趣。此后，他开始深入研究先秦名墨思想，一直持续十数年，其间不断发文章进行相关问题的争论，阐明自己的观点，形成自己的研究成果。这一时期也是其逻辑研究方面学术成果最丰富的时期，对《墨经》的解读——《章氏墨学》就是他这一时期关于名墨思想研究的一个重要成果，并以此为基础发表了十八篇关于先秦名墨思想研究成果的文章，其中五篇被《逻辑指要》附录归入《墨议》，是章士钊对先秦名墨逻辑思想研究的重要理论成果。

三、名墨之论

　　20 世纪初国内人文社科学界涌现出许多墨学的研究成果，但由于受社会环境、时代背景和知识储备等多种因素的影响，其观点也略有分歧，章士钊、胡适、梁启超、章太炎等纷纷通过书信和报刊等发表各自观点，其论争的内容主要是对《墨经》的某些字句的理解，惠施、公孙龙与墨派关系，《墨经》著者以及《墨经》与西方逻辑学的比较等方面。

　　（一）惠施、公孙龙与墨派关系之争

　　根据鲁胜的观点，惠施、公孙龙祖述墨学，以正别名显于世。

胡适认为惠施、公孙龙皆为墨者，不应与名家同列。章士钊不同意鲁胜、胡适的观点，他认为惠施、公孙龙是诡辩派，其论义和墨家相反，从而指出惠施、公孙龙既非正墨亦非别墨。章士钊对惠施、公孙龙与墨派关系的理解详尽体现在其《名墨訾应论》和《章氏墨学一斑》中。

章士钊在《名墨訾应论》和《章氏墨学一斑》这两篇翻案文章中，对惠施、公孙龙祖述墨学的传统观点，进行了系统、反复的驳难，并提出了自己的独到见解。

（1）墨子与惠施之"所蔽"和所"不知"完全不同。

（2）先秦时期论及墨子死后墨家各派源流的著述，均无惠施、公孙龙属墨家流派的记载。

（3）作为名家的惠施、公孙龙与墨家的源出流别判然不同。

（4）《墨经》树义，八九俱为驳诘施辈而发。

章士钊认为惠施、公孙龙等名家与墨家鸿沟甚大，施辈处处以诡辩求胜，而墨家处处从实验驳之，援名入墨，谓施辈祖墨，与援墨入名，谓墨家亦可号曰名家，皆为不当。因此，名之所以为名，与墨之所以为墨，不可混同。

（二）关于《墨经》著者之争

张惠言曾指出："观墨子之书，《经说·大小取》尽同异坚白之术，盖纵横名、法家，惠施、公孙龙、申韩之属皆出焉。"孙诒让曾指出，关于坚白同异的辩论，与公孙龙书和《庄子·天下篇》中惠施的辩解大不相同。胡适认为，"《墨子》书今本有五十三篇,……可分作五组"①。而"第三组,《经》上下,《经说》上下,《大取》《小取》六篇。不是墨子的书,也不是墨者记墨子学说的书"。②"这六篇中的学问,绝不是墨子时代所能发生的。况且其中所说和惠施、公孙龙的话最为接近。惠施、公孙龙的学说,差不多全在这六篇里面。"③所以,"这六篇是惠施、公孙龙时代的'别墨'做的"。④

章士钊认为,胡适根据张惠言和孙诒让的说法,疑《墨辩》诸篇乃惠施、公孙龙所做的,即使非惠施、公孙龙所作,亦是惠施、公孙龙同时代人所作。章士钊认为这种观点不够明智,过于武断,仅仅根据鲁胜祖述之说,以讹传讹,而未做深入考究。

梁启超认为《墨经》并不是惠施、公孙龙时代之产物,而实为墨子时代之产物,从而指出:《墨经》六篇中"《经上》必为墨子自著,《经下》或墨子自著,或禽滑厘、孟胜诸贤补续,未敢悬断"。⑤章士钊的看法恰恰相反。他指出,《墨经》中有曰"谓辩无胜",有曰"以言为尽悖",辩无胜与言为尽悖诸说,乃惠施、公孙龙时代诡辩之精神,墨子时代未有所闻。

章士钊不同意胡适、梁启超等人关于《墨经》著者的观点,根据自己的研究,推测墨子自著之《辩经》久已亡绝,今《墨经》六篇"殆墨家弟子所撰述",至于是相里勤的著述,或是相里勤的弟子

---

① 胡适:《中国哲学史大纲》,团结出版社,2006,第128页。
② 胡适:《中国哲学史大纲》,团结出版社,2006,第139页。
③ 胡适:《中国哲学史大纲》,团结出版社,2006,第139页。
④ 胡适:《中国哲学史大纲》,团结出版社,2006,第139页。
⑤ 章士钊:《章士钊全集》第7卷,文汇出版社,2000,第578页。

的著述，还是南方的墨学家苦获、已齿、邓陵子的著述，俱无从考证。

(三)"辩，争彼也"之"彼"的解释之争

《经上》说："辩，争彼也。辩胜，当也。《说》曰：辩，或谓之牛，或谓之非牛，是争彼也。是不俱当。不俱当，必或不当。不当若犬。"

胡适在《中国哲学史大纲》中指出，"'争彼'的'彼'字，当是'佊'字之误"。① 他以《广韵》引《论语》"子西佊哉"为例，认为"争彼"之"彼"乃"佊"之误。"詖、颇、佊，皆同声相假借。"② 后人不知道"佊"字，以"驳"字代替，"佊"作"驳"解，争彼即争驳，就是"辩驳"之义。

章士钊在《名学他辨》中稍作非议，在《墨学谈》中再次质疑："《墨经》一义何等矜贵，以此种语赘归之，岂非陷全经于无意义？"③ 章太炎在《墨学谈》发布后，以书见教，指出"至适之以争彼为佊，徒成辞费，此未知说诸子之法与说经有异。盖所失非独武断而已"④。章士钊也谈道："墨谓之彼，亦谓之他。《经》曰'辩，争彼也'，即是义。辩而胜，则必于他有当，故又曰当他。"⑤

胡适在读完《墨学谈》《章氏墨学一斑》后重与细论，对章士钊论《墨辩》"辩，争彼也"一条谓其武断，而章太炎谓其"所失

---

① 胡适：《中国哲学史大纲》，团结出版社，2006，第181页。
② 胡适：《中国哲学史大纲》，团结出版社，2006，第181页。
③ 章士钊：《章士钊全集》第4卷，文汇出版社，2000，第274页。
④ 章士钊：《章士钊全集》第4卷，文汇出版社，2000，第285页。
⑤ 章士钊：《章士钊全集》第4卷，文汇出版社，2000，第288页。

非独武断而已",不愿直辩,但"实在不知说诸子之法与说经有何异点"。① 章太炎回复,"诸子多明义理,有时下义简贵,或不可增损一字,而《墨辩》尤精审,则不得有重赘之语。假令毛郑说经云'辩争彼也'则可,墨家为辩云'辩争彼也'则不可"。② 胡适将"实未重赘之语"改为"重赘之语"。

章太炎先生两次说胡适解释"辩,争彼也"不当,"谓之骈语,谓为重赘"。③ 胡适对此进行论辩,解释其校"攸"字、"彼"字均为"彼"的三点理由:一是"攸"字的篆文,彼字而与从"彳"之"彼"字不相似;二是"彼"字之认为"彼",因为钞胥不认识"彼"字,并以《论语》中"彼哉,彼哉"为例证;三是"'彼'字之义,《墨经》训为'不可两不可',此为名学上的矛盾律"。④ "此种专门术语,决无沿用'彼'字一类那样极普通的代名词之理,而'彼'有论辩之义,彼被同声相同假。"⑤ 因此,"知'彼'字在《墨经》为专门术语,然后知以'争彼'训辩,不为语赘,不为直训"。⑥

而章士钊认为,"辩"字为《墨经》命脉,不可用此胶漆混淆之树义为之。胡适以矛盾律解释"彼",章士钊对此做了反驳和解析。

---

① 章士钊:《章士钊全集》第4卷,文汇出版社,2000,第294页。
② 章士钊:《章士钊全集》第4卷,文汇出版社,2000,第295页。
③ 章士钊:《章士钊全集》第4卷,文汇出版社,2000,第305页。
④ 章士钊:《章士钊全集》第4卷,文汇出版社,2000,第305页。
⑤ 章士钊:《章士钊全集》第4卷,文汇出版社,2000,第305页。
⑥ 章士钊:《章士钊全集》第4卷,文汇出版社,2000,第305页。

（1）胡适混淆了矛盾律与不容中律（排中律）的观念。

（2）胡适之义，"不足以被全文"。①

章士钊指出，胡适所举的经与说有十余句，"能挦撦以就其矛盾律或不容中律者，止两三句，其中要句，……适之均无法以除之"②。"无法处之，则废止不讲。"③

（3）胡适未论及欧洲逻辑之思想律是否适用《墨辩》这一根本问题。

（4）胡适为"辩"所下的定义"争彼也"，大犯逻辑作界之戒律。

（5）"彼"字在《墨经》中具有最重要的意义。

经中有诸多"彼"字，而胡适没有融会贯通，仅用"彼哉"这一孤证，而且预设了"彼自一类那样极普通的代名词"不能用作专门术语。"如此治经，正蹈买椟还珠之弊。"④

《兼爱篇》曰："非人者必有以易之。"章士钊在批驳胡适的基础上形成了自己的《墨经》三物说。章士钊认为，《墨经》中给"辩"所下的定义为"辩，争彼也"，而非胡适所谓的"争彼"。他指出，惠施、公孙龙之流竟为诡辩，乱是非，齐曲直，以"辩无胜"相标榜，墨家折之，谓惠施、公孙龙指主无胜，盖不知有"当"义；不知有"当"义，由不知有"彼"义。所以，"辩，争彼也"，"辩

---

① 章士钊：《章士钊全集》第4卷，文汇出版社，2000，第307页。
② 章士钊：《章士钊全集》第4卷，文汇出版社，2000，第307页。
③ 章士钊：《章士钊全集》第4卷，文汇出版社，2000，第307页。
④ 章士钊：《章士钊全集》第4卷，文汇出版社，2000，第308页。

胜，当也"。当者当"彼"，或曰当"他"。

章士钊认为，"凡为辩者，非得三事由其部署，辩将不立。欧洲逻辑言三段，印度因明言三支，吾国墨辩言三物，同一理也。《大取》曰：'三物必具，然后足以生。'"①"三物"指"两"与"彼"。"两"指句主与其所谓，"彼"指第三物。譬如，"一曰甲者甲也，一曰甲者非甲，是非终无所由决，是必借助于第三物焉"②。需要视第三物与两词之间的关系来决定两词的是非。"彼而是则两词是，彼而非则两词非，彼可则两可，彼不可则两不可也。故曰：'彼不可两不可也'。"③关于"彼"，亦有一定的要求，譬如媒词不尽、媒词暧昧、彼两不属等，违反了这些规则，就会产生语悖。有悖则有争，故曰争彼。章士钊依据上述观点指出，"如是而说，似于本条之经与说，皎然明白，于全经及古今中外之名家通义亦不忤"④。

四、章氏墨学

章士钊融贯中西，对先秦名辩尤其是对《墨经》有着很深的研究。章士钊解读《墨经》的文章共有二十一篇，主要分布于《章士钊全集》第4卷、第5卷和第6卷。1923年11月先后发表于《新闻报》的《墨学谈》《章氏墨学一斑》《墨辩之辩》《墨辩三物辨》《书墨经正义》五篇文章均收录于《逻辑指要》附录并合为《墨

---

① 章士钊：《章士钊全集》第4卷，文汇出版社，2000，第309页。
② 章士钊：《章士钊全集》第4卷，文汇出版社，2000，第309页。
③ 章士钊：《章士钊全集》第4卷，文汇出版社，2000，第309页。
④ 章士钊：《章士钊全集》第7卷，文汇出版社，2000，第601页。

议》。从 1925 年 10 月起至 1927 年 4 月,章士钊在《甲寅周刊》上连续发表有关《墨经》解读的文章十六篇,包括《章氏墨学》十五篇,《墨学——答王时润》一篇,这一时期章士钊对《墨经》的研究可谓用功甚勤,有时每周都要发表一篇有关墨经解读的文章。

(一) 对《墨经》经条来源的解释

《墨经》内容丰富,更重要的是富有逻辑思想,其逻辑思维模式和引用的事例与中国传统文化息息相关,来源于中国先秦的社会实际,章士钊在研究《墨经》时虽然"诚恐不免"①,但凭借其对西方逻辑的把握和中国文化的熟识,对墨学的考察与研究也十分到位,对《墨经》中所举事例及理论来源的解释也十分得当。比如其于 1925 年 11 月 28 日在《甲寅周刊》第一卷发表的《张氏墨学》中的分析与解释。

[经] 狗,犬也。而杀狗非杀犬也,可。说在重。

[说] 狗狗,犬也,谓非杀犬可,若两傀。

章士钊指出,此条为与惠施辩难而设,惠施在《天下篇》二十事中言"狗非犬","墨家曰否,认为狗实犬。正负两义,适相针对。按惠施'非犬'之说,起于以平衡之义,严绳主谓二词。逻辑有方程说 Theory of Equation 者,此类是也"。② 方程式为甲等于乙,

---

① 章士钊:《章士钊全集》第 5 卷,文汇出版社,2000,第 399 页。
② 章士钊:《章士钊全集》第 5 卷,文汇出版社,2000,第 514 页。

既施等号，甲乙二名之质，不应有大小轻重广狭之不同。狗，犬未成豪者也。二名虽同一物，而成豪与未成豪有别。大小轻重广狭之度，究有不齐。以算式例之，故知狗非犬也。"墨家曰：命题所包无限，其式不一。诂之之法，相应而繁，一例以方程诠之，题义之得施展者几何？且题之义诂，以共别相涵而立，共加差德，始与别等。"① 如：犬，共也；未成豪，差德也。狗，别也。犬与未成豪相加，以成狗义。此题界之当然，与方程说本不相畔。惟恒人对语，每略差状，亦不得訾为其词不立耳。惟若于主谓二名之上，各另加同一之词，余俱不动，则命题仍为连义与否？殊未可料，何也？命题非方程所能制限，今以 $x=y$，所以 $3x=3y$ 之律律之，固无人能保其必合也。

如《小取篇》云："盗人，人也。"今于"盗人"与"人"之两词上，各加"杀"字，似"盗人人也"而可通。而不然，"盗人"者，人之为盗者也。于人之通德外，别有盗差。是其质重于人也。质重于人，而今于质上，招来动作，兴泛常诂义有殊，因未可等量而齐观之也。② 除此以外，章士钊研究《墨经》还有多处对经条做了解释。

(二) 对《墨经》经文的训诂考证

训诂就是解释古代汉语典籍中的字句，《墨经》作为古汉语的重要典籍，其研究自然离不开训诂考证。训诂的方法是研究墨学的重

---

① 章士钊：《章士钊全集》第5卷，文汇出版社，2000，第514-515页。
② 章士钊：《章士钊全集》第5卷，文汇出版社，2000，第515页。

要方法。章士钊的墨学研究自然使用最多的就是训诂的方法，同时也对《墨经》做了训诂考证。

1925年11月7日，章士钊在《甲寅周刊》第1卷第17号发表的《张氏墨学》中对以下两条比较综合解释，并指出了二经条的相同之处。

[经] 宇进无近，说在敷。①
[说] 宇，区不可偏举。宇也，进行者先敷近，后敷远。②
[经] 行修以久，说在先后。
[说] 行，行者必先近而后远。远近，修也。先后，久也。民行修，必以久也。

章士钊指出，宇内之物，大抵有共有别，以通德著称，执一可以概万。全举偏举，其德不二。章士钊对《墨经》中对"宇"和"久"的解释做了比较，指出空间时间在《墨经》中被称为宇与久，浑然无间，整然一片，不得取一地一时以为标准，使测其余，以是宇久不为概念，性迥异于他物。此理康德曾郑重言之，而吾墨家早树定义，以作裁度一切难题之绳尺致足惊也。不可偏举曰"宇"，宜贻"久"义。《经说》未及，示可类推。

章士钊还指出，"宇"不可偏举，而可区分，若者近，若者远，犹今言空分也：故曰"区不可偏举"。"区"误植"宇"上，原作

---

① 此处脱一"远"字，据高亨校增。因此，此条后来一般为：宇进无近远，说在敷。
② 另一种断句为：宇。区不可偏举宇也。进行者先敷近，后敷远。

"伛"。孙云:"声同字通。"凡所区分,皆有定域,不可移易。进行者因有定序,不容倒置。故曰:"先敷近,后敷远。"此语诸家皆属下条看非。惟"久"亦然,"久"不可偏举,而可区分,若者先,若者后,犹今言时分也。"宇""久"二字之用,相互而见,"行修"一条,《经》与《说》语意极明,《说》中二"必"字可玩。①

  章士钊还指出,《墨经》"宇""久"二义,所以间执名家者也。以"宇"而言,惠子有"山渊平""天地比"之说;以"久"而言,有"今日适越而昔来"之说。此其致误之道。在以"宇""久"二事,与普通共别相含之物,一例相视而已,非有他也。盖若为"宇"也者,分域至无一定,不妨颠倒错乱,随举一地,以为类型,则山也可使在渊,渊也可使在山,天也可使居下,地也可使居上,如鸟兽草木之得任意标举者然。平之比之,自将行所无事。又若为久也者,节序渺焉不见,所号古今旦暮,继续变置,无施不可,如呼牛而牛至,呼马而马至,意到物随,无所于滞,则今适昔来,抑亦何难?

  章士钊还在其文《名墨訾应考》对上述论点进行论证,并认为"宇""久"为名墨两家差别最要之一义。

  [经] 纑,间虚也。

  [说] 纑,间虚也者。两木之间,谓其无木者也。

---

① 章士钊:《章士钊全集》第5卷,文汇出版社,2000,第457页。

章士钊指出，本条歧解之生，在"两木之间"。"木"字人俱误以为"木"。王引之、孙诒让都认为"纑"为"枦"之借字，"枦"，柱上方木也，"枦"以木为之，两枦之间则无木。① 章士钊否认了这种说法，他指出，《说文》中曰"纑，布缕也"，古无木棉，凡言布皆麻为之，这里的"纑"是指"麻缕"。麻之未绩绩者曰"枲"，分枲茎皮曰"木"。段注云："其皮分离之象也。"是即一缕而分之，成为两木。而两木之间，必有无木者在，然后可分。故曰"间虚"。易顺豫在《墨经通释》中认为：两木为两系之讹。他指出："布者缕之所织而成者也。无隙而实有隙，故曰'间虚'。系即缕也，故曰两系之间，谓其无系者也。"② 章士钊认为这一解释"贤于王、孙远甚"，但虽"能见二缕之间虚，不能见一缕之间虚，观念终不莹。二缕之间虚，俗人所恒见也。一缕之间虚，乃为逻辑所争"。③

章士钊还以《墨经》中"中无为半"来解释"间虚"之义。他指出，"间虚"与"中无为半"之义，参证愈明。曰"间虚"，曰"中无"，凡以见整然成形浑然一致之物，自明者视之，可得乘以入焉之隙，触目犂然。即其犂然者一一如其分以予之，物理协而天秩明。

[经] 盈，莫不有也。

---

① 章士钊：《章士钊全集》第5卷，文汇出版社，2000，第480页。
② 章士钊：《章士钊全集》第5卷，文汇出版社，2000，第480页。
③ 章士钊：《章士钊全集》第5卷，文汇出版社，2000，第480页。

[说] 盈，无盈、无厚，于尺无往而不得二。

章士钊指出，此处的《经》与《说》以正反两面，相互而明一义。盈，说在盈否之盈，以释"兼爱"本义。但盈矣，以词害意，而别无说以通之，是将授攻者以柄，而大义终莫明也。故说曰"盈，无盈"。"夫'无盈'者非无盈也。'盈'而吾观其有间。可得将吾意以入之地。虽有间矣，而其间前于区穴而后于端，为域极细，不容一发，必吾将以入之者无厚，而后游刃有余。"[①]

[经] 不知其数而知其尽也，说在问者。

[说] "不一一知其数，恶知爱民之尽之也。或者遗乎？"其间也。"尽爱人则尽爱其所问，若不知其数而知尽之，尽之也无难"。

[经] 相，尽也。

[说] 无说。

[经] 尽，莫不然也。

[说] 尽，但止动。

[经] 不坚白，说在无久与宇。坚白，说在因。

[说] 无坚得白，必相盈也。

章士钊指出，此处"说在因"后省去了"久与宇"，以此驳公

---

① 章士钊：《章士钊全集》第5卷，文汇出版社，2000，第481页。

孙龙之"坚白论"最为精当。① 他认为,"不坚白"即"无坚得白","无白得坚"诸说,原因在于"不知久宇之用"。当拊坚持,倘忆及先时之所视者,即为此石。当视白时,倘忆及先时之所拊者,即为此石。坚白均合于一,此"久"之用也。所忆藏于久间,乙官感物之时,能将甲官先时所感,如量表演,遂乃合并计之,共成一感也。拊与视同时为之,而觉坚与白偕栖一域,如他条所称不相外之理,坚白亦自合于一,此"宇"之用也。两德并俱于物,而无一德盈于物外,其宇全同也。以知主坚白离者,其说在"无久与宇"。② 反之,主坚白合者,其说在"因久与宇"也。

[经] 在诸其所然,未者然。说在于是推之。
[说] 在尧善治,自今在诸古也。自古在之今,则尧不能治也。

章士钊指出,此条在证时间与凡物不同之理,言久性与物性迥异,其理《经》与《说》相互明之,公孙龙违背此理,以推物之法,用于推时,因有今适昔来之诡辩,故墨家正之。他认为,凡物有共相,相见于此者如是,可以推定其于彼者亦必如是。还举例阐释:如燕之乌墨,楚之乌,亦必墨。白鸟有白,白羽白雪亦同是白。是在诸其所者然,未在诸其所者亦然,此之谓推。故曰"于是

---

① 章士钊:《章士钊全集》第5卷,文汇出版社,2000,第513页。
② 章士钊:《章士钊全集》第5卷,文汇出版社,2000,第513页。

推之"。

(三) 对《墨经》经文的逻辑分析

在章士钊发表的十五篇《章氏墨学》中，一般而言都有解释分析，都会使用训诂的方法，但是在里面还有一个特色，或者说是突出的特征，即逻辑分析的方法，用逻辑的方法来分析经文。

[经] 知其所以不知。说在以名取。①

[说] 我有若视日知②，杂所知与所不知而问之，则必曰：是所知也，是所不知也。取去俱能之，是两知之也。

章士钊认为此条颇易误解，误解点在"以名取"和"两知"。关于前者，章士钊批驳了胡适的解释。胡适认为此条与《贵义篇》瞽者论黑白之义相同。《贵义篇》曰："今瞽者曰，皑者白也，黔者黑也，虽明目者无以易之。兼白黑使瞽取焉，不能知也。故我曰：瞽不知黑白者，非以其名也，以其取也。"③ 胡适说，怎样知道一个人是否有知？这必须让他亲自去实地试验，必须让他用其已经知道的名去选择，如果他能选择正确，能取舍得当，那才是真知识。章士钊认为胡适的解释是对《墨经》的浅显理解。胡适所理解的"知"是用已知的名去选择物，能取能去才是真知识。

---

① 周云之：《墨经校全·今译·研究》，甘肃人民出版社，1993，第28页。
② 周云之认为此处"知"为"智"。见周云之：《墨经校全·今译·研究》，甘肃人民出版社，1993，第28页。
③ 章士钊：《章士钊全集》第5卷，文汇出版社，2000，第427页。

<<< 第一章　章士钊逻辑思想的初步形成

章士钊指出："以已知的名去选择物，乃常识中第一险事。"①章士钊还举出例证来证明他的观点，譬如他以"外国荔枝"及《石头记》里刘姥姥根据自己的经验错以黄杨根为黄松的故事来解释"知与名、取"的关系，从而说明以已有经验去进行取是靠不住的。进而，章士钊指出，胡适的错误有二，"一在以名取，与《贵义篇》之以名以取相混同；一在于两知主义，未尝厝意"②。

关于后者，章士钊认为"我有若视曰知"中"若视"与《经说上》"以其知遇物而貌之，若见"同义。他指出，所谓"若视"，即凡一物曾经目及，无论何时，可得举其要德，历历如在也。"若视"者以其实不以其名。论名容有不知，论实则无不知。因此，他认为"两知"指"有名之知"和"无名之知"。章士钊的这一观点可以作为一家之言，作为理解这一经条的参考。实际上，《墨经》中的"以名取"与《贵义篇》之"以名取"意义相同。

沈有鼎和孙中原都曾用《贵义篇》来解释这一经条。沈有鼎指出，知有"名知""实知"和"合知"。"瞽者对于白黑虽有'名知'，却没有'实知'和'合知'。仅有'名知'就不能与实践结合。倘若瞽者能说：'白黑是我所不知的'，这就是知其所不知了。瞽者知白黑和瞽者不知白黑，乃是就不同意义说的，不是逻辑的矛盾。"③可见，沈有鼎所理解的"两知"是把"名知""实知"和"合知"分为两类：一类是"名知"，一类是"实知"和"合知"。

---

① 章士钊：《章士钊全集》第5卷，文汇出版社，2000，第427页。
② 章士钊：《章士钊全集》第5卷，文汇出版社，2000，第428页。
③ 沈有鼎：《沈有鼎文集》，人民出版社，1992，第309-310页。

孙中原指出，《经上》把知识分为"名、实、合、为"四种，"知其所以不知。说在以名取"中的"取"相当于"实、合、为"三种，是指把概念的认识运用于实践，在实践中能区分和选取有关事物，与《墨子·贵义》之"瞽不知黑白者，非以其名也，以其取也"中的"取"含义相同。孙中原对"取去俱能之，是两知之也"的解释是：对自己所知道的和不知道的能做到正确地选取和舍去，就算是具有两方面的知识。①

[经] 止，因以别道。

[说] 以人之有墨者有不墨者也。止墨人，与以有爱于人有不爱于人。止爱人，是孰宜？②

章士钊指出，"止"在逻辑，即 presup positon by denial，"墨家以此法立辩，在证明兼爱之说无可驳，其教旨所关，与名家泛论方法略有不同"③。他还指出，凡推论之术，必有既明之理，据为前提。所谓止也，有此以为初基，而凡所为推论之道，区以别焉。所谓"因以别道"也。惟适用此止而人不服，将如之何？此名家一大问题也。墨子曰：有举不然之法在，如言一事而有正负两说，无能诉之论法，若黑与不黑爱与不爱之类。所以为止，亦直举吾心所然者以为言而已。遇人反诘，则简语之曰：君之所谓不然者，果何说

---

① 孙中原：《墨学与现代文化》，中央广播电视大学出版社，1998，第132-133页。
② 周云之：《墨经校全·今译·研究》，甘肃人民出版社，1993，第15页。
③ 章士钊：《章士钊全集》第5卷，文汇出版社，2000，第456页。

乎？倘吾举出彼所不然之事，而彼答辩不克成理，吾之所然，将不待证而自立矣。

（四）《墨经》与西方逻辑、印度因明的比较

20世纪初，中国学者对传统文化的研究源于西方先进思想的传入，而中国逻辑和因明研究的兴起和多样也源于西方逻辑的传入，此时学者研究逻辑，或者将逻辑传入中国，迫切需要根植的土壤，尤其掀起了研究中国逻辑，或者说是名辩学以及因明作高潮，而三大逻辑的比较研究是这一时期最大的特色之一。

章士钊在研究《墨经》时也善于与西方逻辑以及因明做比较，如1925年10月24日在《甲寅周刊》第1卷第15号发表的《张氏墨学》中有：

［经］以言为尽誖。誖，说在其言。
［说］以誖，不可也。之人之言可，是不誖，则是有可也。之人之言不可，以当，非不审。

章士钊将《墨经》与因明做了比较。认为有人主张"一切言皆是虚妄"即"言尽誖"，墨家为了反驳这种错误观点而立的论点。这与后来学者沈有鼎的观点是相同的。章士钊还把此经条与印度因明中的"自语相违"做比较，认为两者含义相同。《因明正理门述记》中唐沙门神泰曰："外道立，一切语皆悉不实。此所发语，便有自语相违。何故？说一切语是妄者，汝口中语为实为妄？若言是实，

何因言一切皆是妄语？若自言是妄，即应一切语皆实。"① 章士钊认为"此与墨义悉合"。他认为墨言"以当，非不审"与因明"一切言皆实"意义相同。

上述经条中的"非不审"，孙诒让疑作"必不当"，章士钊认为不妥，因此改为"必不当"。关于这一点，当代学术界大多依从孙诒让的观点，校为"必不当"，譬如沈有鼎在《墨经的逻辑学》中对"之人之言不可，以当，非不审"一句的解释为："倘若'言尽誖'这话不正确，那么你认为它符合事实，它一定不符合事实。"可见，"当"字比"审"字更为合理。

此外，1925年12月12日，章士钊在《甲寅周刊》发表的《张氏墨学》中不仅将《墨经》与因明做了比较，而且与西方逻辑也做了比较。

［经］知，闻说亲

［说］知，传授之，闻也。方不㢓，说也。身观焉，亲也。

章士钊在分析这一经条时就与西方逻辑、因明做了比较。"'亲'为因明之现量，如官感所能接者是。'说'为比量，以其所省者善隐度其所未省者是，意颇切近。"② 这是将经条中的"亲"与因明中的"现量"做比较，"说"与"比量"相比较。除此以外，

---

① 神泰：《因明正理门论述记》，南京支那内学院，1923，载章士钊《章士钊全集》第5卷，文汇出版社，2000，第400页。
② 章士钊：《章士钊全集》第5卷，文汇出版社，2000，第567页。

章士钊还与西方逻辑做了比较，"'方不瘴'，谓知识律之于方，不见阻障，西人所谓合于形式逻辑者是也。斯之谓说'说'者，英文Reference 正足当之"①。"说"与推理相比较，在这里，章士钊认为《墨经》中的"说"与西方逻辑的"推理"，以及因明中的"比量"相通。

此外，章士钊还指出《墨经·大取》中的"三物必俱，然后足以生"，也是三大逻辑之间的比较，"三物"与西方逻辑三段论、因明的三支论式在推论格式等方面都是相通的。

总之，章士钊是民国时期逻辑研究的主要代表之一，其成果丰富，理论水平精湛，对墨学的研究主要集中在其先后发表在《甲寅周刊》的十五篇《张氏墨学》中，当然还有几篇与墨学相关的文章。章士钊对《墨经》中有关逻辑方面的重要经条进行了详细的考证训诂、分析解读，有些地方与西方逻辑、因明做了比较，指出了当时学界对一些经条的错误解释，对我们今天能够正确地理解《墨经》也有很大启发。

第三节　章士钊逻辑思想初创期的特点及贡献

章士钊自1907年赴英国留学开始学习逻辑、法律等，自然也接

---

① 章士钊：《章士钊全集》第5卷，文汇出版社，2000，第567页。在1927年1月15日《甲寅周刊》发表的《章氏墨学》中也有论述；详见《章士钊全集》第6卷，文汇出版社，2000，第428页。

触了西方的民主政治制度，针对20世纪初的中国实际，将逻辑分析的方法融入文章写作，发表了大量政论文章。而伴随西方政治思想的涌入，人们开始关注西方的思维方式，开始翻译西方的逻辑著作，并尽力在中国文化中找到根植西方逻辑的土壤，章士钊为此也做了很多努力。章士钊在研究内容和研究方法等方面具有当时学者们的共性，同时也有自己的特点，丰富多样的研究成果也为《逻辑指要》的成稿奠定了坚实的基础。

一、研究内容由浅入深、由此及彼

章士钊的逻辑研究及其思想的形成，一方面源于20世纪初学术界和教育界对逻辑的关注；另一方面也源于章士钊在英留学期间对逻辑的学习，以及回国后的逻辑教学。

文献表明，章士钊的逻辑研究始于1910年11月22日在《国风报》发表的《论翻译名义》，主要是围绕Logic的翻译问题，为逻辑这门学科确定名称。此后还发表了《论译名——答张君礼轩》(1912)、《译名——答容挺公君》(1914)、《逻辑·定名》(1925)等九篇文章，详细讨论了义译与音译的利弊得失，并针对"Logic"一词的翻译问题与胡适等诸多学者进行多番探讨乃至争论，一一列举并严密论证了当时把逻辑学称为"名学""辩学""论理学"等做法的缺陷与不足，以义译名，不能与"Logic"一词相吻合，他提出将"Logic"进行音译，称为"逻辑"，与今天我们使用的名称相符。这是章士钊在逻辑领域探讨的第一大问题。

除了定名"逻辑"以外，从章士钊这一时期的文章中可以看出，章士钊不仅熟知西方逻辑，而且深谙中国文化；以此也反证了他反对义译，坚持音译，使名称的内涵与外延相吻合，均源于他深厚的文化背景。

中国名辩学也称为中国逻辑，是世界三大逻辑源流之一，主要包括名学和辩学，辩学主要以墨学为主。《名学他辨》是章士钊重要的逻辑著作，是对名学与辩学的初步探讨，也是章士钊在逻辑领域探讨的第二大问题，也是其逻辑研究开始深入的重要标志，从名称的讨论，转入对理论的研究。从研究内容来看，虽然是对名学与辩学领域一些问题的探讨，但也渗透和研究了很多因明、西方逻辑的问题，从某种意义上讲，这是三大逻辑的比较研究，其中探讨了三大逻辑的论式、推理规则，以及逻辑规律等，涉及了逻辑的核心问题。不仅体现了章士钊对三大逻辑的熟知程度，而且也架构了他的逻辑思想，为《逻辑指要》的撰写提供了十分重要的条件。

从1925年10月起至1927年4月，章士钊在《甲寅周刊》上连续发表《章氏墨学》十五篇，这是章士钊逻辑研究的第三大问题。这一时期章士钊对《墨经》的研究可谓用功甚勤，连续对《墨经》做了专门研究，包括对原典的解释分析、考证训诂，以及用印度因明、西方逻辑的理论来解释墨学。

由此可见，在章士钊逻辑思想的初步形成时期，其逻辑研究与其他学者一样，也是由浅入深，对理论的研究是逐步深入的；但不同的是，也是出于学科的原因，章士钊的逻辑研究，在不断深入的同时，也由此及彼，由逻辑到名学、辩学，以及因明都有研究。从这一时期的研究情况来看，起初是讨论逻辑的定名问题，后来开始关注中国逻辑的问题，而因明与西方逻辑理论的探讨，基本是服务于对墨学的研究。

二、研究方法多样

研究方法多样是这一时期章士钊逻辑研究的重要特点之一，不仅包括比较研究的方法，而且还有考证训诂、文献分析解读等多种研究方法。"以欧洲逻辑为经，本邦名理为纬，密密比排，蔚成一学，为此科开一生面"[①]，据西释中是章士钊逻辑研究的重要特点。

无论是在《名学他辨》，还是在《章氏墨学》等文章中，均有对大量文本的逻辑分析与解读，以及对原文的考证训诂和解释等。此外，还有另外一个最显著的特点就是三大逻辑的比较研究，用西方逻辑的理论来解释《墨经》，虽然对于章士钊的这一方法，学界认为完全的比附有牵强附会之嫌，但不可否认的是用西方逻辑的理论来解释《墨经》，在很大程度上更加直观，更加形象化，更加易懂，而不像《墨经》原来那么晦涩难懂，以此来看，这一方法值得提倡，能使我们更加清楚地研究墨学。

三、为《逻辑指要》奠定基础

《逻辑指要》是章士钊最重要的逻辑著作，是章士钊逻辑思想形成的重要标志。该著的完成是其前期学术积累和教学实践经验的总

---

① 章士钊:《章士钊全集》第7卷，文汇出版社，2000，第293-294页。

<<< 第一章　章士钊逻辑思想的初步形成

结，虽然是在教学讲义基础上完成的，但墨学与因明、西方逻辑的相互参照，逻辑理论的深入浅出、融会贯通，更是其前期学术研究的集成。

1907年章士钊开始学习研究逻辑，1917年9月，章士钊在北京大学担任逻辑学教授，11月17日，冯友兰出席哲学研究会议，商讨研究工作进行事宜，制定所研究之科目。冯友兰选定研究三项，其中章士钊作为导师指导的研究方向是逻辑学说史。① 而《逻辑指要》一书的初稿即大学逻辑讲义，是基于大学逻辑教学与研究的总结。

章士钊在担任北京大学教授前对 Logic 译名的探讨，以及对逻辑基本问题的讨论，使其担任逻辑学教授成为可能，同时担任逻辑学教授又进一步促进了他的逻辑研究，先后发表了逻辑学相关的文章，也就使得《逻辑指要》的出版成为可能。而且事实也证明《逻辑指要》的成稿离不开前期的研究与积累。虽然《逻辑指要》全书的二十八章，基本上是按照西方逻辑的体例顺序编排的，但是，其中很多关于命题、推理等基本理论问题在前期均有探讨，并且还有三大逻辑的比较研究，用西方逻辑和印度因明的理论对中国名辩学作了逻辑解读、理论分析和学术研究，这些均为《逻辑指要》的定稿奠定了坚实的理论基础。

此外，章士钊逻辑思想初步形成时期的研究成果也为《逻辑指要》的出版提供了重要的素材，甚至《论翻译名义》（1910）、《名墨訾应论》（1923）、《名学他辨》（1923）、《墨议》（1923）、《原

---

① 袁景华：《章士钊先生年谱》，吉林人民出版社，2001，第106-107页。

指》（1927）和《名墨方行辨》（1927）六篇文章还是《逻辑指要》的重要组成部分。可以看出，在章士钊看来，这六篇文章在其逻辑研究中占有非常重要的分量。事实也证明，这些文章对逻辑相关理论的探讨，以及研究方法对我们今天的逻辑学习与研究具有十分重要的借鉴意义。

第二章

章士钊逻辑思想的形成——《逻辑指要》

第一节 章士钊《逻辑指要》概述

一、《逻辑指要》的成书过程

章士钊接受专业逻辑思想是在英国。自1907年师从戴维森"治逻辑于英格兰大学"①，其逻辑思想主要受到戴维森、耶方斯和穆勒的影响，其逻辑著作《逻辑指要》中的理论亦多依据戴维森、耶方斯和穆勒的学说。譬如在讲到逻辑的立界时，他引用穆勒的话："逻辑不与人以证，而能教人何物之足证，与如何以决其证之是非；不言某事之证为某，而言以何因缘，此可证彼。"②他为逻辑所做的界说为：逻辑者依据法式综核名实以正其思之学。这一界说实际上借鉴并加入了耶方斯的观点。耶方斯认为为逻辑作诂，一则曰典要，

---

① 章士钊：《章士钊全集》第7卷，文汇出版社，2000，第293页。
② 章士钊：《章士钊全集》第7卷，文汇出版社，2000，第304页。

再则曰经，始终不脱法之一念，良非无故。"法式一致而不变，事物可得纳于其下者周流而无穷，以不变御周流，以一致御无穷，是为逻辑。"① 章士钊认为"以此补充界义，更为周切"。

《逻辑指要》一书是在章士钊学术研究和教学实践的基础上形成的一部著述。在英国留学期间他就开始关注中国逻辑的发展，先后发表多篇文章参与逻辑学术讨论，主要包括作为《逻辑指要》附录的《论翻译名义》《名墨訾应论》《名学他辨》《墨议》《原指》《名墨方行辩》等，其中的逻辑思想亦渗透在其著述《逻辑指要》中。1915年8月，章士钊进入学术界，担任北京大学文科研究院教授兼图书馆主任，讲授逻辑学。他在《逻辑指要·自序》中说："千九百十八年，余以此科都讲北京大学。……主学生自为笔录，不颁讲章，吾亦疏于纂记，逻辑未有专著。"② 后来的《逻辑指要》就是对此时的讲义的整理和修补。实际上，作为教学讲义的《逻辑指要》的初稿在此时已经完成。1930年，应张学良之邀，章士钊到东北大学文学院任主任，讲授逻辑学知识。1939年2月，章士钊受国民党之邀到重庆参加国民参政会，被选举为国民参政会参议员。在这个过程中，章士钊被张君劢推荐给蒋介石，为之讲解逻辑学。据章士钊讲，其时蒋介石标榜要"以精神之学教天下，审国人用智浮泛不切，欲得以逻辑以药之，而求其人于吾友张君劢。君劢不审吾学之无似，为之游扬，公遂虚衷自牧，不耻下问，并督为讲录，俾便鉴

---

① 章士钊：《章士钊全集》第7卷，文汇出版社，2000，第304页。
② 章士钊：《章士钊全集》第7卷，文汇出版社，2000，第293页。

<<< 第二章　章士钊逻辑思想的形成——《逻辑指要》

观"①。如上所述，可见当时蒋介石为了加强对国人的思想统治，企图以逻辑学来训练人们思维能力，为此向张君劢咨询，而张君劢又特别推荐章士钊。蒋介石接见章士钊时，称赞其逻辑学，并嘱其给陆军大学和警官学校讲授逻辑学。在教学过程中，他开始整理逻辑讲义旧稿，不断增益删补，进行系统著述，并于1943年出版发行。该书是章士钊三十余年反复研讨与教学的总结，对我国逻辑学的发展做出了有益的贡献。可见，《逻辑指要》一书的成书过程与其学术研究和教学活动是密不可分的，是在教学实践的基础上形成的。

二、《逻辑指要》的版本及主要内容

《逻辑指要》一书初稿作为大学逻辑讲义写于1917年，后经章士钊增益删补，系统整理，于1943年6月由重庆时代精神出版社付梓印行。此书原计划是在1939年出版，当时还请了张君劢、高承元写了序文，后来因故未能按原计划进行。

中华人民共和国成立后，在毛泽东的关心和支持下，章士钊的《逻辑指要》又刊行了两个版本。一个是由上海书店根据时代精神出版社1943年版影印出版，载入《民国丛书》第三编之九，全部照原版印制，张君劢、高承元的序言，章士钊的自序，包括对蒋介石的逢迎之词均照录出版，使读者得以观其原貌。值得一提的是，《民国丛书》第三编之九共影印了两本民国时期出版的逻辑学专著，《逻辑指要》是竖排；另一本是金岳霖的《逻辑》，是横排。该书从左向

---

① 章士钊：《章士钊全集》第7卷，文汇出版社，2000，第293页

右翻页，《逻辑指要》是卷首；从右向左翻页，《逻辑》是卷首。可见，章士钊的《逻辑指要》是与金岳霖的《逻辑》相并称的两本重要的近代逻辑学著作。《逻辑指要》在1959年就列入了中央政治研究室出版计划，随后列入三联书社"逻辑丛刊"的出版计划。1961年，《逻辑指要》由三联书社出版，竖排改为横排，删去了1943年版中张君劢、高承元的序言，保留了《自序》，但删去了对蒋介石逢迎的话，新增了《重版说明》，吸收了毛泽东代拟的"说明"的全部内容。三联版经过章士钊的修改，删去了二十分之一的内容。2000年，上海文汇出版社出版了由章含之主编的《章士钊全集》，其中第7卷收录了《逻辑指要》，以"三联本"为基础，又增补"重庆本"的两篇序言，并收录章士钊关于先秦名辩研究的重要论文，可谓足本。

《逻辑指要》全书共分二十八章，基本上是按照西方逻辑的体例顺序编排的。该书最后还附有章士钊写的五篇文章，分别为《名墨訾应论》（1923）、《名学他辨》（1923）、《墨议》（1923）、《原指》（1927）、《名墨方行辨》（1927）。

章士钊在《逻辑指要》中认为，逻辑并非西方所独有，"寻逻辑之名，起于欧洲，而逻辑之理，存乎天壤。其谓欧洲有逻辑，中国无逻辑者，謷言也"[①]。"先秦名学与欧洲逻辑，信如车之两轮，相辅而行。"[②] 他同时指出，西方演绎逻辑自亚里士多德至17世纪，停滞不前，而归纳逻辑并未提及；而自培根《新工具》之后，归纳

[①] 章士钊：《章士钊全集》第7卷，文汇出版社，2000，第293页。
[②] 章士钊：《章士钊全集》第7卷，文汇出版社，2000，第295页。

逻辑才开始逐渐重视,发展到今天这个局面。而中国则不然,演绎和归纳同时发展。"若吾之周秦名理,以墨辩言,即是内外双举,从不执一以遗其二。"① 只可惜后继无人,以致埋没至今,章士钊希望"以欧洲逻辑为经,本邦名理为纬,密密比排,蔚成一学,为此科开一生面"。②

第一章为"定名",即为 Logic 取一适合名字。章士钊曾发表《论翻译名义》《论逻辑》《论译名》《译名》等多篇文章对定名问题进行探讨。章士钊对 Logic 的曾用名一一进行了研究,比如日文的论理学是教科书中肤浅的定义,不适合作为名词。而名学和辩学,章士钊认为:"通常译名不正,其弊止于不正;而以辩或名直诘逻辑,则尚有变乱事实之嫌。辩字本体佳绝,而亦复不中程者此也。"③ 李之藻在《名理探》中曾译为络日加;马相伯讲授逻辑时"以致知二字牒之";严复称为逻各斯 Logos,然后变逻各斯为逻辑。该章后面还附有章用的《名理探考》,是对《名理探》一书的考证。

第二章为"立界"。"逻辑者所以求知也,而求知自明无知始;逻辑者,信信也,而信信自疑疑始。明无知而疑疑,自思始。故逻辑者,正思之学也,或曰思思之学。思思云者,即凡所有思想,立为种种法式,推校焉,参互焉,以期所得信为最正确者而归依焉也。"④ 意思为,逻辑是用来求知的,而求知是因为无知;逻辑是信

---

① 章士钊:《章士钊全集》第7卷,文汇出版社,2000,第293页。
② 章士钊:《章士钊全集》第7卷,文汇出版社,2000,第293-294页。
③ 章士钊:《章士钊全集》第7卷,文汇出版社,2000,第298页。
④ 章士钊:《章士钊全集》第7卷,文汇出版社,2000,第303页。

可信的，而这是自怀疑可疑的开始的。明明无知而怀疑可疑的，是从思考开始的。所以逻辑是"正思"的学问，或者说是"思思之学"。章士钊在这里用荀子的话"信信，信也；疑疑，亦信"来为逻辑做注解。而思是怎么用来正的呢？是用名实来正的，正如《墨经》所说："所以谓，名也；所谓，实也。"逻辑为一切科学之科学，在于法式。法式皆能应用于所有学问，而绝不是为一门学问所有。穆勒认为："逻辑不与人以证，而能教人何物之足证，与如何以决其证之是非；不言某事之证为某，而言以何因缘，此可正彼。"耶方斯指出逻辑是"依据法式综核名实以正其思之学"，他还指出："法氏一致而不变，事物可得纳于其下者周流而无穷，以不变御周流，以一致御无穷，是为逻辑。"逻辑之兴盛起源于诡辩。章士钊认为中国也有逻辑，亦是起源于诡辩。他列举了《战国策》《墨经》《韩非子》等书的内容来论证他的主张。

第三章为思想律（law of thought）。什么是思想律？"所以范围一切思想，使不得不出于是，一若江淮河汉，导使由地中行然也。"[①] 思想律有三个规则：一个是同一律（law of identity）；一个是毋相反律（law of contradiction）；一个是不容中律（law of excluded middle）。也就是我们现在所说的同一律、矛盾律、排中律。同一律可以表述为甲是甲，主谓相同，名实无异。《墨经》对"同"的解释为："二名一实"曰"重同"，"不外于兼"曰"体同"，"俱处于室"曰"合同"，"有以同"曰"类同"。毋相反律表述为甲非非甲，

---

① 章士钊：《章士钊全集》第7卷，文汇出版社，2000，第309页。

第二章　章士钊逻辑思想的形成——《逻辑指要》

也可以说，甲不能为甲，又为非甲。任何事物不能同时具有相反的两种性质。《墨经》的"无间而不相撄"和鲁胜的《墨辩序》"名必有分明，分明莫如有无"可以作为该规则的注解。不容中律是指任何事物或者为甲或者非甲。章士钊认为《墨经》中"合与一，或复否，说在拒"是墨辩的思想律。他指出："合，合同，一，重同。此明同之极诣，昭同一律也。或者正之，否者负之，既正又负，显非辞理。此明矛盾之当戒，昭毋相反律也。拒者即不容中之谓。拒于拉体诺文最切，译本或作拒中。墨家提出拒字，意在以后律释前二律，以三律之脉络固贯通也。"① 在此章最后，章士钊又提出了理宜律（law of sufficient reason），也就是现在所说的充足理由律。前面三个规则是于一事物之正负中有所取舍，而本规则正如王充所说的"揆端推类，原始见终"，就是从事物相依的关系中求得其缘由。

第四章为概念。概念（concept）道家曰旨墨家曰意相，康德喜欢用"物如"表示，《易》曰物宜。什么是概念呢？章士钊认为："即心官对事若物，发挥其知觉、记忆、想像诸作用，构成意相，恰如其事若物所宜之本体，蓄于吾心，得号曰旨是也。"② 我们如何认识事物呢？因为概念才会认识事物。章士钊认为事物的共相起源于"同德"。逻辑概念首先分为二德，然后经历四序。二德就是常与寓。"常德"就是"恒住性"，"偶有性"就是"寓德"。四序是指比较、抽象、会通、命名。③ 然后，他考察了共相与逻辑的历史渊源，并且

---

① 章士钊：《章士钊全集》第7卷，文汇出版社，2000，第321-322页。
② 章士钊：《章士钊全集》第7卷，文汇出版社，2000，第324页。
③ 章士钊：《章士钊全集》第7卷，文汇出版社，2000，第325页。

分析了唯名论、唯实论和唯意论之间的区别。

第五章为外周与内涵。也就是现在所说的外延与内涵。名字的广狭为横，名字的浅深为纵。横就是外周（extension），纵就是内涵（intension）。外延越大，则内涵越小，二者互为消长。比如宇宙，外延最大，而内涵最小。章士钊列举了汉密尔顿的三角图来直观解释内涵和外延之间的关系。他对这个说法进行了考察和论证。章士钊认为之所以有人认为外延和内涵都可以同时大，是因为没有深刻理解内涵的意义。他认为内涵有三种：通涵，就是一个事物应有的内涵统统概括，无论我是否知道；心涵，就是我所知道的内涵；诂涵，就是我在进行比较时所列举的不同于他者之处。通涵是最广的，心涵次之，诂涵最狭。

第六章为端词。希腊逻辑学家把端词分为单、兼两种。荀子说："单足以喻之泽单，单不足以喻之泽兼。"一个字能把意义表达完全的就是单词；一个字不能把意义表达完全，还需要其他字配合的就是兼词。还有共词，荀子说的"单与兼无所相避则共，虽共不为害"就是共词。端词不限于名词，但是名词比较普遍。章士钊以名词为例对端词做了分类。一个是私名和公名。私名就是专有名字，比如印度、太平洋等。公名相当于普通名词。名还是奇偶之分。偶可以作相对，奇可以作绝对。比如水、树、屋等为奇名，因、果、长、短之类就是偶名，我们说因必有果，说长必有短，肯定有相对应的。

第七章为命题。什么是命题？"离合二名而喻一意也。"命题可以用"辞"来表示。荀子说："辞也者，兼异实之名以喻一意也。"命题也可以说是判断。命题在《墨经》中叫作"佴"。凡是命题，前后会有两个名词，前面的叫作主词，后面的叫作谓词。命题分为正命题和负命题，也就是肯定命题和否定命题。命题还可以分为全称命题、偏称命题、浑称命题、独称命题。全称命题就是甲皆乙也（All S is P）。偏称命题是甲有为乙者（Some S is P），也就是现在的特称命题。浑称命题（indefinite or indesignate），是指主词界域不明而言的。比如"人非木石"。独称命题就是单称命题。章士钊下面对全称肯定命题、全称否定命题、特称肯定命题、特称否定命题的主谓词的周延情况做了考察。

第八章为辞之对待。该章对AEIO直接四种真假关系的逻辑方阵进行了说明。AE正负对待，就是现在的反对关系；AI、EO是偏全对待，就是现在的从属关系；IO是小正负对待，就是现在的下反对关系；AO、EI是真妄对待，就是现在的矛盾关系。"全反之辞，不得两真而得两妄；矛盾之辞，不得两真，亦不得两妄；差等之辞，全真偏真，偏妄全妄，惟全妄偏不必妄，偏真全不必真；偏反之辞，不得两妄而得两真。此其纲要也。"[①]

第九章为辞之变换。命题的变换有两种：换质和换位。换质是"正负属质，顺逆属位，正负互易"；换位是"顺逆互易"。章士钊认为《墨经·小取》中所说的"侔"包括了换质和换位的规则。换质是指命题的样式发生改变而其意义不变。比如由E换A，由O换I。章士钊另外提出两个附益法：一个是加词附益法（contribution by added determinants），一个是缀意附益法（contribution by complex

---

① 章士钊：《章士钊全集》第7卷，文汇出版社，2000，第377页。

conception）。所谓换位，就是主谓互换，而意义不变。换位必须注意两条：一个是在前提中不周延的项在结论中也不得周延；一个是新命题与原命题要意义一致。换位有三个方法：一个是直换（simple conversion），一个是量换（conversion by limitation），一个是叠换（conversion by contraposition）。

第十章为外籀大意。逻辑不外乎两个方面："一本公例以应散实，一由散实以见公例。前者谓之演绎，后者谓之归纳。"[①] 外籀即演绎，章士钊主要讲了演绎的四个规则：第一，两物与第三物相等，则彼此相等，这发源于同一律；第二，两物仅一物与第三物相等，则彼此自然不相等，这来自毋相反律；第三，两物与第三物都不相等，则彼此没有相等不相等可言，因为它们之间没有任何关系；第四，演绎主要是由全推偏，也就是从全称命题推出特称命题。如果以上四个规则都熟练掌握了，那么就可以进行演绎推理了。

第十一章为推。推即推论。推论有间接推论和直接推论。什么是间接推论？"凡离合主谓二辞之先，必将两辞共度之于同一之物，以为规矩准绳也。"[②] 三段论为间接推论。章士钊认为直接推论不能获得新知识。"凡人类之识量，于此一无所增。"直接推论有两个规则，一个是加词，一个是缀意。这两种都是增加词意，另外还有一种是减词，叫作蜕词径推。

第十二章为三段论式（syllogism）。章士钊指出了连珠与三段论之间是有所区别的。"连珠体制可见。'辞句连续，互相发明'，之

[①] 章士钊：《章士钊全集》第7卷，文汇出版社，2000，第385页。
[②] 章士钊：《章士钊全集》第7卷，文汇出版社，2000，第388页。

二语者,牒之三段,颇亦得其仿佛。……即所谓'不指说事情,必假喻以达其旨'者也。夫三段何不说事情之有?倘不说事情,小前提将无自而生。可知此体在逻辑别有所属,纵所穿并非鱼目,而决不能强指三段。"① 什么是三段论?"凡一新辞当前,为之表著彼与他辞之连环关系,而他辞之理,又为人人所共喻者,司洛辑沁是章士钊对Syllogism的音译(三段论)。"② 三段论是指三辞而言。三辞说的是三个事物。"此之原词,谓之前提(premise);由原得委,谓之断案(conclusion)。"③《墨经·大取》中"三物必具,然后足以生"符合三段论法。章士钊讲了大前提、小前提、中词与中国传统文化尤其是《墨经》中的一些关联之处。"'不知其数而知其尽也,说在明者。'何谓明?曰,以同则明之。何谓同?曰,交相爱交相利则同。此与逻辑之基于物性一致或曰性契者,适相吻合。"④ 最后章士钊还对因明五支论式与三段论之间的异同做了对比。因明的宗就是断案(结论),因是小前提,喻是大前提。因此因明和逻辑三段论并没有什么不同之处。

第十三章为所生三段(categorical syllogism)。所生三段就是直言三段论。三段论有三个命题构成,前两个是前提,后一个是结论。前提有大小之别,含有断定谓词的是大前提,含有断定主词的是小前提,两个前提都具有而结论没有的是中词。章士钊主要论述了三

---

① 章士钊:《章士钊全集》第7卷,文汇出版社,2000,第391页。
② 章士钊:《章士钊全集》第7卷,文汇出版社,2000,第397页。
③ 章士钊:《章士钊全集》第7卷,文汇出版社,2000,第393页。
④ 章士钊:《章士钊全集》第7卷,文汇出版社,2000,第403页。

段论的七条规则。第一，论式以三名及三辞为之，不得多，亦不得少。第二，中词必有一尽。第三，前提未尽之名，断不可尽。第四，两前提皆负，无断。第五，两前提之一负，断亦负。第六，两偏辞无断。第七，两前提一偏，断必偏。

第十四章为三段体裁（moods of syllogism）。章士钊主要对三段论的格和式做了介绍。命题有四种形式，即 AEIO。分别以 AEIO 中一个为大前提，其他三个为小前提，可以得出六十四种结论，剔除无效的结论可以得到十一种论式。其中 A 式有六个，E 式有三个，I 式有一个，O 式有一个。"夫媒词者，三段之枢要也。若舍其他因素不论，专注媒词，将见别有所谓格律，足资著录。凡媒词有位，位易而论式亦易，二者相与易，足生变化，是曰格 Figures。变化者，非散无友纪之谓也，有导之不得不然者在，是曰律 Rules。"[①] 三段论有四个格：第一格，丙为乙，甲为丙，故甲为乙。该格有三个规则。第二格，乙为丙，甲为丙，故甲为乙。该格有三个规则。第三格，丙为乙，丙为甲，故甲为乙。该格有三个规则。第四格，乙为丙，丙为甲，故甲为乙。该格有五个规则。

第十五章为界说。什么是界说？"界者何？界差也。说者何？差说也。夫是之谓界说。"[②] 界说就是如何区别不同的事物，以及如何给事物下定义才能准确无误。我们需要注意五个方面：共、别、差、蓄、寓。亚里士多德称为五谓（five predicables）。[③] 他对定义需要注

[①] 章士钊：《章士钊全集》第 7 卷，文汇出版社，2000，第 416 页。
[②] 章士钊：《章士钊全集》第 7 卷，文汇出版社，2000，第 423 页。
[③] 章士钊：《章士钊全集》第 7 卷，文汇出版社，2000，第 427-428 页。

意的事项做了说明，比如，定义需要涵盖所界定的事物，恰如其分，不超过它的范围，也不可少于它的范围；定义必须是肯定的表述，不到万不得已，不要使用否定的表述。

第十六章为分类（division）。什么是分类？"分一共而成诸别也。""所分之共曰分纲（tolendivisum），所成之别曰分目（membra dividentia）。当其分也，必有所本以为分物之德，是曰分本（fundamentum divisonis）。而物德有同有不同，是曰差（differentia）。闵多曰，本与差并，斯称逻辑之分类矣。"[①] 在这里，章士钊列举了分类的类型：分纲、分目、分本等，以及分类需要注意的方面和分类的七个规则。这七个规则是：一是依所分物之同德立差。二是所据同德不可有二，易而言之，分本必一。三是凡物之有同德者，必居诸别之一，而不得逾一。四是诸别之全，必与共等。五是分类必依级递进。六是诸分平等。七是所取分本，以能立要差为得。"逻辑分类，专取形式，有所谓两分法（dichotomy）。分本既立，以次递分，每级俱用正负对待之符。此之为分，其基筑于不容中律之上，结构最称完整。"[②]

第十七章为所令三段（hypothetical syllogism）。所令三段就是假言三段论，章士钊在这章对假言三段论的种类和真假进行了阐述。假言三段论分为两种：一种是两个前提皆假，叫作纯令（pure hypothetical），惟一前提假，叫作混令（mixed hypothetical）。混令比纯令要重要。什么是混令？"繁言之，则大前提令身备具，整然一假定

---

① 章士钊：《章士钊全集》第7卷，文汇出版社，2000，第437页。
② 章士钊：《章士钊全集》第7卷，文汇出版社，2000，第443页。

文；小前提为寻常正面命题，或取大前提之令然之，抑或取其身否之者也。"①

第十八章为所体三段（disjunctive syllogism）。所体三段就是选言三段论，该章主要对选言三段论的种类和规则做了说明。所体分为两种：明体，或者叫类体；暗体，或者叫疑体。"所体三段，大抵大前提所体式，小前提正言式。所谓正言，则取上段中之一节然之或否之者也。"疑体分两种：一是全而毁式；二是毁而全式。前者在小前提中两项择一然之，后者则择一否之。全而毁：甲为乙，或为丙；甲为乙，故甲非为丙。毁而全：甲为乙，或为丙；甲非为乙，故甲为丙。②

第十九章为两决法（dilemma）。两决法就是现在所说的二难推理，或者说假言选言推理，是由两个假言前提和一个选言前提构成的三段论。该章对二难推理的种类和规则做了说明。简全：如甲为乙，戊即为己；且如丙为丁，戊即为己。今甲为乙，或丙为丁；戊为己。繁全：如甲为乙，戊即为己；且如丙为丁，庚即为辛。今甲为乙，或丙为丁；戊为己，或庚为辛。简毁：如甲为乙，戊即为己；且庚即为辛。今天戊不为己，或庚不为辛；甲不为乙。繁毁：如甲为乙，戊即为己，且如丙为丁，庚即为辛。今戊不为己，或庚不为辛；甲不为乙，或丙不为丁。

第二十章为带证三段（epicheirema）。带证式是指前提之一或全部顺及理性而言，因明三支中的喻依也是带证式，只是所证的为旁

---

① 章士钊：《章士钊全集》第7卷，文汇出版社，2000，第446页。
② 章士钊：《章士钊全集》第7卷，文汇出版社，2000，第454-456页。

物不是"通理"。①

第二十一章为连环三段（sorites）。什么是连环三段？连环三段论是指第一式中含有公共词项。"此其立论，乃以盈否大训作之基，谓凡即一物而是之，彼物所包举之各部分，因无有不是也，此之谓盈。例如前提中共四媒词，斯四词者，并非各各离立，而实为小大相袭，秩然有序，就中取最低级词，属之最高级词，形为宾主，乃号断案。"② 该章对连环三段论的种类和规则做了说明。凡是四个三段论组成的三段论，叫做"繁形三段"，它有两个规则：一是惟最后一前提可负，二是惟最先一前提可偏。

第二十二章为歇后三段（enthymene）。歇后三段是指省略前提或结论的三段论，"歇后三段，谓三段中断案或前提之一，歇而不举，归于默喻而神理固与全司洛辑沁无异者也"。它有三个类型：省略大前提的，省略小前提的，省略结论的。歇后三段起源于亚里士多德逻辑之中。

第二十三章为内籀。内籀就是归纳。外籀明合，内籀明分。外籀明合以求分，内籀明分以求合。③ 章士钊认为归纳的难点不在逻辑本身而在于实例。归纳的根据是什么呢？章士钊指出基于"性契"④，也就是自然的统一性。什么是性契？"因果之谊常而一。因果之谊常而一何？曰，囙同事项同，则果必同；反而言之，果同，

---

① 章士钊：《章士钊全集》第 7 卷，文汇出版社，2000，第 465 页。
② 章士钊：《章士钊全集》第 7 卷，文汇出版社，2000，第 466 页。
③ 章士钊：《章士钊全集》第 7 卷，文汇出版社，2000，第 475 页。
④ 章士钊：《章士钊全集》第 7 卷，文汇出版社，2000，第 475 页。

因亦必同。"① 归纳是从个别总结出抽象之事,与三段论无关。

第二十四章为察与试(observation and experiment)。即观察与试验。一切知识都是基于经验,而经验的获得都来自持续的观察和试验,归纳逻辑也是基于观察和试验获得的。观察和试验没有明显的界限,观察的终点即试验的开始,二者次第无间。

第二十五章为内籀方术(method of induction)。章士钊主要介绍了穆勒五法的内容。一是统同术(method of agreement)。"如所研现象在二例以上,仅有一事相同,则此各例俱同之事,非现象因,即现象果;简而言之,则现象中惟一不变之前件,大抵即其因也。"二是别异(method of difference)。"有一前件,现象存与之俱存,现象亡与之俱亡,余事悉不动,则此前件,在各事中必为现象之因。"三是同异合术(joint method of agreement and difference)。四是消息术(the mothed of concomit and variations)。五是归余(method of residues)。

第二十六章为悬拟(hypothesis)。该章主要讲述了假说在逻辑中的应用。知识的本质及其所得之方法是什么?针对这个问题主要有两个流派:一是理宗(rationalism),即理性主义;二是验宗(empiricism),即经验主义。理性主义以算术为知识准绳,认为一切知识都是由公例大法而来,此种公例大法有时竟然由天赋而不必借助经验获得。经验主义则相反。我们获得知识除了试验之外别无他途。章士钊认为这两个学派都有优缺点,而无论如何,想要获得公例大法假说是其基础。

---

① 章士钊:《章士钊全集》第7卷,文汇出版社,2000,第475页。

第二十七章为类推（analogy）。类推有四个规则：第一，开始推理时，前件必须是能够进行验证的。第二，相比的类之间，要考察它们的固有属性而不用关注它们的偶性。第三，进行类比推理时，前件后件之间需有共同之处。第四，类比推理要尽可能地多列举同类事物或者同类性质。

第二十八章为诸悖。该章主要讲述了历史上关于悖论的分类。什么是逻辑悖论？"凡三段之形具，前提无可驳斥，得断如法，而断终不免于乖谬者，斯本编之所谓悖。"[①] 亚里士多德把悖论分为两类：一是原于语言者，二是外于语言者。前者是语悖，后者是质悖。语悖有歧词、双关语、合悖、分悖、重音、妄喻。质悖有偶性、通局混、遁辞、丐词、身悖、僵因、多问。

章士钊的《逻辑指要》对西方传统的演绎逻辑和归纳逻辑做了比较详尽的介绍。从这本书中我们可以看出他对逻辑的钻研非常之深，对西方逻辑的历史和发展现状非常了解，从古希腊苏格拉底到20世纪的逻辑学家和哲学家，章士钊对他们的思想和主张都如数家珍。同时，他还能运用西方逻辑来考察中国传统文化中的逻辑思想，从《诗经》《墨经》《史记》《中庸》《论语》《战国策》等到《辨学启蒙》《穆勒名学》《致知浅说》《名理探》，从老子、庄子、孔子、墨子到章太炎、梁启超、胡适等人，章士钊几乎把古今中外所有思想家和学者的思想纳入逻辑的框架之中。由此可见，章士钊学识之渊博，对逻辑理解之深刻。

---

① 章士钊：《章士钊全集》第7卷，文汇出版社，2000，第540页。

三、《穆勒名学》《辨学》与《逻辑指要》之比较

《穆勒名学》《辨学》与《逻辑指要》内容之比较

比较内容	严复《穆勒名学》		王国维《辨学》		章士钊《逻辑指要》	
部首		引论 逻辑研究范围、性质与其他科学的关系	第一篇 绪论	第一章 辨学之定义及其范围 第二章 辨学上之三部分	Logic定名、范围、性质	第一章 定名 第二章 立界 第三章 思想律
篇章结构	部甲 主要讲名（词项）和词（命题）	篇一 论名学必以分析语言为始事 篇二 论名 篇三 论可名之物 篇四 论词 篇五 论词之义蕴 篇六 论申词 篇七 论类别事物之理法兼释五旌 篇八 论界说	第二篇 名辞	第三章 名辞及其种类 第四章 名辞之淆乱 第五章 名辞二种之意义：外延与内容 第六章 言语之成长 第七章 拉依白尼志之知识说	概念及其内涵外延、端词	第四章 概念 第五章 外周与内涵 第六章 端词
			第三篇 命题	第八章 命题之种类 第九章 命题之反对 第十章 命题之转换及直接推论 第十一章 宾性语、区分及定义 第十二章 巴斯喀尔及特嘉尔之方法论	命题	第七章 命题 第八章 辞之对待 第九章 辞之变换

<<< 第二章 章士钊逻辑思想的形成——《逻辑指要》

续表

比较内容	严复《穆勒名学》		王国维《辨学》		章士钊《逻辑指要》	
篇章结构	部乙 通论推证思籀 主要讲演绎推理	篇一 论推证大凡 篇二 论外籀联珠 篇三 言联珠于名学功用惟何 篇四 论籀绎及外籀科学 篇五 论满证所以明必然之理者 篇六 续前所论 篇七 考异	第四篇 推理式	第十三章 思想之法则 第十四章 推理式之规则 第十五章 推理式之形式及图形 第十六章 推理式之不完全图形之还元法 第十七章 不规则推理式及混合推理式 第十八章 限制的论证	演绎逻辑	第十章 外籀大意 第十一章 推 第十二章 三段论式 第十三章 所生三段 第十四章 三段体裁 第十五章 界说 第十六章 分类 第十七章 所令三段 第十八章 所体三段 第十九章 两决法 第二十章 带证三段 第二十一章 连环三段 第二十二章 歇后三段
			第五篇 虚妄论	第十九章 辨学上之虚妄 第二十章 物质上之虚妄		
	部丙 通论内籀 主要讲归纳推理	篇一 通论内籀大旨 篇二 论有名内籀实非内籀 篇三 论内籀基础 篇四 论自然公例 篇五 论因果 篇六 论并因 篇七 论观察、试验 篇八 论内籀四术 篇九 设事以明内籀四术之用 篇十 论众多之因、错综之果 篇十一 论繁果籀例以兼用外籀为宗 篇十二 论解例 篇十三 杂举解例之事实	第六篇 最近辨学上见解	第二十一章 宾语之分量 第二十二章 薄尔之辨学系统		
			第七篇 方法论	第二十三章 方法论：分析及综合		
			第八篇 归纳法	第二十四章 完全归纳法及归纳推理式 第二十五章 几何学上及数学上之归纳法：类推及范例 第二十六章 观察及实验 第二十七章 归纳之方法 第二十八章 分量的归纳方法 第二十九章 经验方法及演绎方法 第三十章 说明、倾向、假说、理论及事实	归纳逻辑	第二十三章 内籀 第二十四章 察与试 第二十五章 内籀方术 第二十六章 綮拟 第二十七章 类推

93

续表

比较内容	严复《穆勒名学》		王国维《辨学》		章士钊《逻辑指要》	
			第九篇 归纳法之附件	第三十一章 分类论及抽象论 第三十二章 学语之要件	悖论	第二十八章 诸悖
与原著内容区别	第三卷余下的共十二章；第四卷共八章；第五卷共七章；第六卷共十二章。另外其中大量穆勒作的注释未译		缺少原书的最后一节即第三十三节，"句子的逻辑分析"，缺少原著的"序言"部分，没有列出延伸阅读的参考著作。比较忠实按照原文直译，简洁明快。逻辑术语翻译精当，于今无异。归纳演绎介绍并重，逻辑理论系统全面			

　　严复未译的部分有：第三卷余下的十二章，内容涉及假说、类比、机遇预测、普遍因果律的证实、非因果的共存的齐一性等；第四卷八章，内容为归纳法的一些辅助手段，包括观察和描述、抽象、命名、分类方法等；第五卷共七章，是专门讨论谬误的，提出了和亚里士多德不同的著名的谬误分类；第六卷，伦理科学中的逻辑，共十二章，讨论不限于伦理道德范围的问题，还涉及许多其他社会科学领域，如关于自由和必然、心灵的规律、社会科学的方法、历史科学中的方法。

《穆勒名学》《辨学》之逻辑术语

同意异词比较	今通用译名	王国维《辨学》	今通用译名	严复《穆勒名学》
逻辑术语举例	逻辑	辨学	逻辑	名学、逻辑
	归纳	概括	归纳（法）	内籀（有名内籀）
	归纳法	综合法	演绎	外籀
	演绎	推理、演绎	概念	意
	名词	名辞	三段论	连珠 联珠
	三段论	三段论	具体概念	察名
	新工具	新机关	普通名词	公名
	具体概念	具体名辞	判断、命题	词、首
	抽象概念	抽象名辞	推理	思辨、思籀、思议
	内涵	内容	主词	词主
	外延	外延	宾词	所谓
	特称判断	特别命题	求同法	统同术
	全称判断	普遍命题	差异法	别异术
	求同法	符合法	共变法	消息术
	判断	判断	剩余法	归余术
	推理	推论	谬误	瞀辞
	普遍概念	普遍名辞	十伦：实体、数量、性质、关系、主动、被动、地点、时间、姿势、情况	十伦：物质、数量、德品、相属、感施、应受、方所、时期、形势、服习
	单独概念	单纯名辞		
	共变法	机伴变化之方法		
	集合概念	集合名辞		
	谬误	虚妄		
	谓项	宾语		

95

《逻辑指要》之逻辑术语

章译	英文	今译
同一律	law of identity	同一律
毋相反律	law of contradiction	矛盾律
不容中律	law of exculued middle	排中律
理宜律	law of sufficient reason	充足理由律
概念	concept	概念
外周	extension	外延
内涵	intension	内涵
命题	proposition	命题
外籀	deductive	演绎
内籀	inductive	归纳
推（推论）	inference	推理
纡推	mediate inference	间接推理
迳推	immediate inference	直接推理
三段论式	syllogism	三段论
前提	premise	前提
断案	conclusion	结论

续表

章译	英文	今译
安奈罗支	analogy	类比
中词	middle term	中项
所生三段	categorical syllogism	直言三段论
所令三段	hypothetical syllogism	假言三段论
所体三段	disjunctive syllogism	选言三段论
两决法	dilemma	二难推理
悬拟	hypothesis	假说
察与试	observation and experiment	观察与试验
连环三段	sorites	复合三段论
歇后三段	enthymene	省略三段论
统同术	method of agreement	求同法
别异	method of difference	求异法
同异合术	joint method of agreement and difference	求同求异并用法
消息术	the mothed of concomit and variations	共变法
归余	method of residues	剩余法

第二节　章士钊逻辑思想的体系与内容

传统形式逻辑主要包括逻辑思维基本规律、逻辑思维形式和基本逻辑方法。章士钊在《逻辑指要》中对这些方面都进行了"融贯中西"的研究。本文主要从以下五个方面进行论述。

一、关于逻辑思维基本规律

西方传统逻辑中，逻辑思维基本规律一般指：同一律、排中律、矛盾律和充足理由律，章士钊对应译释为同一律、不容中律、毋相反律和理宜律。章士钊在《逻辑指要》中均引用大量中国名辩思想的案例阐释和佐证，以证明中国古代亦存在这样的逻辑思想。他还用《墨经·经下》中的"合，与一，或复否，说在拒"[①] 来对前三种规律进行总括。

同一律。西方逻辑的同一律讲：在同一思维过程中，每一思想必须与其自身同一。其公式为：A 是 A。章士钊对同一律的解释是：甲者甲也，主谓形义并同。[②] 并指出："辞中第二甲子，无有定质。"[③] 他还认为，"律曰同一，凡两名可得并施于一物者，皆此律

[①] 章士钊：《章士钊全集》第 7 卷，文汇出版社，2000，第 319 页。
[②] 章士钊：《章士钊全集》第 7 卷，文汇出版社，2000，第 310 页。
[③] 章士钊：《章士钊全集》第 7 卷，文汇出版社，2000，第 311 页。

第二章 章士钊逻辑思想的形成——《逻辑指要》

之所有事"①。章士钊称同一律为无非之律，并以《墨经》中的"正无非"与之相比较，他指出，"甲为甲，此无非之律也。无非亦出《墨经》，谓真理在是，无足以非之也"②。从矛盾律、排中律与同一律的本质联系来看，章士钊的比较是有道理的。此外，章士钊还认为《经上》之"重同"是"昭同一律"，明显有牵强比附之嫌。

章士钊还引用《论衡·无形篇》的一段话来解释同一律："人生立形谓之甲，终老至死，常守甲形，如好道为仙，未有使甲变为乙者也。"③ 他认为："凡说明本律精神，谊无更切于此数语者。是知甲者甲也，固非指主谓同物，亦非必两词广狭同幅，足资换位。"④ 这说明任一对象，譬如一个人，都有其确定的性质，虽有其发展变化，但都是一个确定对象的变化。因而，甲是甲，甲不是乙。他还指出："此律所赅，在一物之始终不变，不在二物之期于合一。"⑤ 这种解释是有问题的。同一律作为人类思维规律，它在客观世界中有客观基础，受事物的确定性支配。客观事物的质的规定性反映在人类思维中，表现为思维的稳定性，即一个思想反映了什么，就是反映了什么。逻辑规律就是客观事物在人的主观意识中的反映。但是，逻辑规律本身并非指事物的确定性。谢幼伟在《现代哲学名著述评》中对章士钊的解释进行了批驳："窃谓如此解释同一律，实不明同一律之真义。同一律在此种解释下，亦极受驳斥，易受批评

---

① 章士钊：《章士钊全集》第7卷，文汇出版社，2000，第311页。
② 章士钊：《章士钊全集》第7卷，文汇出版社，2000，第312页。
③ 章士钊：《章士钊全集》第7卷，文汇出版社，2000，第311页。
④ 章士钊：《章士钊全集》第7卷，文汇出版社，2000，第311页。
⑤ 章士钊：《章士钊全集》第7卷，文汇出版社，2000，第312页。

也。需知同一律至少有两种解释，而此两种解释，皆非志在使甲常守甲形，亦非志在一物之始终不变。一种解释，认同一律为说话之意义条件，说话必依同一律，然后说话能有意义。例如，我曰'此花是红'，则'花必是花''红必是红'。若'此花是红'，则'花可以不是花''红可以不是红'，则'此花是红'之一语为无意义。言花必意在花，言红必意在红，此'甲者甲也'之形式，乃所以使说话为有意义者。另一种解释，认同一律为推论之必要条件，志在决定命题之价值，而使推论成为可能者。盖推论在由一命题或数命题之真或假，而推得另一命题之真或假。如一命题之真假价值不定，推论即无法进行。如'凡人会死,'真欤？假欤？'孔子是人'，又真欤？假欤？若此两命题之真假价值不确定，则'孔子会死'之结论即无法推得。是同一律云者，全在确定命题之价值，其形式当为，如甲命题是真，即是真，或如甲命题是假，即是假。"[1] 谢幼伟对同一律的解释清晰明确，是对同一律的正确注解。

此外，章士钊引用《墨经》关于各种不同的"同"的区分（"二名一实"之"重同"，"不外于兼"之"体同"，"俱处一室"之"合同"，"有以同"之"类同"），对同一律之"同一"进行了具体的分析，表明同一律之"同一"可以具有不同的意义，并告诫初学者运用同一律时不要以辞害意。[2]

矛盾律。即在同一思维过程中，两个互相否定的思想不能同时为真，必有一假。其公式为：A 不是非 A；或者并非 A 并且非 A。

---

[1] 谢幼伟:《现代哲学名著述评》，正中书局，1947，第 105 页。
[2] 章士钊:《章士钊全集》第 7 卷，文汇出版社，2000，第 311 页。

<<< 第二章 章士钊逻辑思想的形成——《逻辑指要》

章士钊认为，矛盾律之名号自语相违，因此他称之为毋相反律，以"正其名而昭其实"①。他对这一规律的解释为："非非甲也；又解释为：甲不能为甲，又为非甲。他还以《经说》'不俱当，必或不当'解释矛盾律，认为此语可以说明不可两可。'不可两可'即矛盾律：并非A并且非A。"②他还把《荀子·解蔽》中的一段话解释为矛盾律。《荀子·解蔽》云："心生而有知，知而有异。异也者，同时兼知之。同时兼知之，两也。然而有所谓一，不以夫一害此一，谓之壹。"③章士钊解释为："'夫一'者，异也，即非甲也。'此一'者，同也，即甲也。'不以夫一害此一'，不以异害同，即不以非甲害甲也，亦即甲不能为甲，又为非甲也，是之谓壹。壹者自同一而重言以声明之也，是之谓毋相反。两律互参，其道大通。"④

章士钊还认为《墨经》所云"同异交得放有无"中包含了矛盾律思想。他指出：《墨经》之"同异交得，放有无"一条"最关宏旨，解之者少"。⑤其实他本人亦没有真正理解此条之含义。他认为此条在《经说》中的解释如有无、多少、去就、坚柔、死生等皆为相互否定的东西，便认为"同异交得放有无"是讲矛盾律。正如他所言："……即墨言同异交得，其曰逻辑所不能证，尤直中本律之藩。"⑥其实，此条并非在讲矛盾律，而是在讲辩证法中的对立统一

---

① 章士钊：《章士钊全集》第7卷，文汇出版社，2000，第313页。
② 章士钊：《章士钊全集》第7卷，文汇出版社，2000，第319页。
③ 章士钊：《章士钊全集》第7卷，文汇出版社，2000，第318页。
④ 章士钊：《章士钊全集》第7卷，文汇出版社，2000，第313页。
⑤ 章士钊：《章士钊全集》第7卷，文汇出版社，2000，第318页。
⑥ 章士钊：《章士钊全集》第7卷，文汇出版社，2000，第318页。

规律。

排中律。西方逻辑的排中律讲：在同一思维中，两个互相否定的思想不能同时为假，必有一真。其公式为：A 或者非 A。章士钊对这一规律的解释为：凡物必为甲或为非甲。章士钊认为此律"与毋相反律略似而实不同"。他在分析和驳斥胡适混淆矛盾律与排中律的基础上指出："毋相反律示不能同时俱存，不容中律示不能同时俱亡。"① 因此，《经说》中"不俱当，必或不当"为矛盾律，"不可两不可"为不容中律。他还用"必居一"释排中律。"必居一"引自孟子论兼金一事中陈臻的一段话："今日之受是，则前日之不受非也；前日之不受是，则今日之受非也。二者必居一于此矣。"② 章士钊认为："以必居一释不容中，乃形式逻辑惬心贵当之义。"③ 显然，章士钊认为《墨经》已经对矛盾律和排中律进行了西方逻辑式的论述。

值得一提的是，章士钊还引用《墨经》"凡牛枢非牛，两者，无以非也"一条，说明在人不识"牛枢"为何物，因而亦不知牛枢为牛或非牛的情况下，要求物必为甲或非甲的排中律，对此就失去其作用。由此，他进一步论述了逻辑的"论域"问题："谓是非然否，内于域有可论，外则无可论。"进而说明排中律在一定论域中起作用，这很难得。

在把《墨经》中的有关论述与形式逻辑的三种规律分别进行比

---

① 章士钊：《章士钊全集》第7卷，文汇出版社，2000，第319页。
② 章士钊：《章士钊全集》第7卷，文汇出版社，2000，第319页。
③ 章士钊：《章士钊全集》第7卷，文汇出版社，2000，第319页。

第二章 章士钊逻辑思想的形成——《逻辑指要》

较分析之后，章士钊在综述中指出，《墨经》关于"合与一，或复否，说在拒"①一条乃"综三律而论之"。他认为，"此即墨辩之所以律思想者也。合，合同，一，重同。此明同之极诣。昭同一律也。或者正之，否者负之，既正又负，显非辞理。此明矛盾之当戒，昭毋相反律也。拒者即不容中之谓。……墨家提出拒字，意在以后律释前二律，以三律之脉络固贯通也"。② 由此可见，章士钊力求阐明三种逻辑规律"脉络固贯通也"，以揭示它们属于同一序列的规律，在本质上是一致的。这一思路是正确的。但是，他对经文的理解是有问题的，《墨经》的这条经文并没有揭示出这样的内涵。③

章士钊指出："理宜律此或译为充足理由。考其所谓充足，与《墨经》之宜适合。"④ 因此，他称充足理由律为"理宜律"，以《墨经》中对"宜"的解释来阐述充足理由律。"宜"出自《墨经》中"志功"一条。章士钊指出，"《墨经》所立志功一义，即此物也"⑤，"志者，因之谓，功者，果之谓"⑥。《墨经》关于"宜"和"志功"的解释如下：

合，正、宜、必。（《经上》）

合：矢至侯中，志工正也。臧之为，宜也。非彼必不有，

---

① 章士钊：《章士钊全集》第7卷，文汇出版社，2000，第319页。
② 章士钊：《章士钊全集》第7卷，文汇出版社，2000，第321页。
③ 黄海、崔文芊：《章士钊逻辑思想初探》，《河南师范大学学报》（哲学社会科学版）2011年第5期，第25-28页。
④ 章士钊：《章士钊全集》第7卷，文汇出版社，2000，第322页。
⑤ 章士钊：《章士钊全集》第7卷，文汇出版社，2000，第322页。
⑥ 章士钊：《章士钊全集》第7卷，文汇出版社，2000，第322页。

103

必也。圣者用而勿必，必也者可勿疑。(《经说上》)

志功为辩。(《大取》)

志功，不可不相从也。(《大取》)

章士钊认为："志者体也，功者用也。发其相从之律，尽其为辩之职，是之谓正，而与正为邻之谊，谥之曰宜。"①

二、关于逻辑思维形式

"概念"二字为 concept 之译语，章士钊指出该词"来自东译"②，"非惬心贵当之词也"③。他认为概念在"道家曰旨，墨家曰意相，……《易》则曰物宜"。④ 章士钊不愿使用"概念"一词，更倾向于使用"名"。他认为中国古代逻辑文献中所说的"名"相当于西方逻辑中的"concept"，并认为"名"有两个基本特征：所指事物即外延，所指事物的性状特征等即内涵。正如他所阐述的："凡名对于物有所命，对于德有所涵。所命，示名之广狭，为横。所涵，示名之浅深，为纵。横者，汉密敦字之曰外周；纵者曰内涵。"⑤ 关于这一点，章士钊的观点是有道理的。墨家虽然没有对内涵和外延进行明确的论述，但对"名"的分析与解释无疑是围绕这两方面进行的。譬如：

---

① 章士钊：《章士钊全集》第7卷，文汇出版社，2000，第322页。
② 章士钊：《章士钊全集》第7卷，文汇出版社，2000，第324页。
③ 章士钊：《章士钊全集》第7卷，文汇出版社，2000，第324页。
④ 章士钊：《章士钊全集》第7卷，文汇出版社，2000，第324页。
⑤ 章士钊：《章士钊全集》第7卷，文汇出版社，2000，第335页。

第二章 章士钊逻辑思想的形成——《逻辑指要》

所以谓，名也。（《经说上》）

同，异而俱于之一也。（《经上》）

传授之，闻也。（《经上》）

这是从内涵方面说明"名""同"与"闻"。

名，达、类、私。（《经上》）

同，重、体、合、类。（《经上》）

闻，传、亲。名，达、类、私。（《经上》）

这是从外延方面说明"名""同"与"闻"。

西方逻辑中对集合概念和非集合概念进行了区分，章士钊亦有相应的讲述。他区别了公名与从名，认为从名相当于西方逻辑中的集合概念。他指出，从名者，摄诸物而名其全；公名者，统其全而一一可名其独。[①] 他还指出，从名在《墨经》中称为"兼"，曰"体分于兼也"。

关于概念外延间的关系，他指出，《墨经》分"同"为体同、类同、重同、合同等类，西方逻辑中的种属关系在《墨经》中是指体同、类同，全同关系是指重同、合同。至于"异"，他指出，西方逻辑中的全异关系在《墨经》指相外，荀子之"异"并非"全异"。荀子所讲的"辞也者，兼异实之名以喻一意也"之"异"兼有《墨经》"异而俱于之一"之异，并非全异。换言之，此"异"兼指内

[①] 章士钊：《章士钊全集》第7卷，文汇出版社，2000，第344页。

涵大小之异，非必内涵相拒之异。

　　章士钊认为西方逻辑中的"命题"相当于中国古代逻辑理论中的"辞"，正如他所言："命题者，辞也。"① 同时指出："命题在《墨经》中曰俖。《说文》云：俖，欥也。盖凡辞，以二名相次为之，前曰主词，后曰谓词。"② 章士钊在整合中西逻辑思想的基础上给命题下了一个定义：命题者，离合二名而喻一意也。③ 此定义中"二名"，一句主，一谓词。句主，《墨经》曰名；谓词，号曰实。《经曰》：所以谓，名也；所谓，实也。"名"是辞的谓词，是"所以谓"；"实"是辞的主词，是"所谓"。章士钊指出，西方逻辑"言命题以三部成之"④，"主谓相次，中以丽词贯之"⑤。《荀子·正名篇》云：累而成文，名之丽也。章士钊认为，丽以缀系当之，可通。在这里，章士钊认为"名""实""丽"分别相当于西方逻辑中的"句主"（即主项）、"谓词"（即谓项）、"缀系"（即命题联项）。这是章士钊对命题（辞）的构成的对比分析。对于《墨经》所言之"谓非同也，则异也"，他认为这是对正命题与负命题的阐述，一切正命题都含同谓，一切负命题都含异谓。

　　在西方逻辑中，命题有真假。命题在墨辩有二字：一曰言，一曰举。《墨经》曰：言，出举也；又曰：举，拟实也。言之而正，墨家称为正举；不正，称为狂举。章士钊认为"正举""狂举"分别

---

① 章士钊：《章士钊全集》第7卷，文汇出版社，2000，第353页。
② 章士钊：《章士钊全集》第7卷，文汇出版社，2000，第353页。
③ 章士钊：《章士钊全集》第7卷，文汇出版社，2000，第355页。
④ 章士钊：《章士钊全集》第7卷，文汇出版社，2000，第358页。
⑤ 章士钊：《章士钊全集》第7卷，文汇出版社，2000，第358页。

相当于命题的真、假。

关于性质命题的分类及其对当关系这一问题上，章士钊亦做了中西逻辑的比较分析。章士钊认为《墨经》所云"无穷不害兼"是在说全称肯定命题和特称肯定命题。他指出："有以为不害者，即有以为害者，如或所知不敢自信，抑故欲掩去所知之一部分，斯害矣。A，兼之事也，害则退为 I 矣。"① 章士钊把《小取》中的"周"解释为"全称"。《小取》曰：爱人待周爱人而后为爱人，不爱人不待周不爱人。章士钊认为，"周爱人"是 A 命题，"不周爱"是 O 命题。爱人（周爱人）与不爱人（不周爱）是矛盾关系，因而这实际上是在讲性质命题之间的对当关系。

章士钊还认为，西方逻辑中所讲的性质命题的周延性问题，《墨经》中亦有相应的论述。他指出，周延性在《墨经》中为"尽物"。章士钊认为尽物之说，出于《墨经》，牛马是四足的动物，所有四足兽为物，尽与大小也。此其式为：牛马双立于四足兽中，为尽，四足兽统括于物内，为尽，得按图而知之；而四足兽外周较牛马大，物较四足兽大，亦按图而知之。故曰："尽与大小。"

这里，章士钊把"尽物"视为"周延"，把"不尽物"视为"周延"。他的这种说法显然有牵强附会之嫌。

求同之外，章士钊还对中西逻辑进行了求异比较。在讲到命题的结构时，他指出"中土文言为逻辑别开生面之处不少。不需缀系（即命题联项），其一端也"②。西方逻辑理论指出命题离不开逻辑联

---

① 章士钊：《章士钊全集》第 7 卷，文汇出版社，2000，第 364 页。
② 章士钊：《章士钊全集》第 7 卷，文汇出版社，2000，第 359 页。

项，否则难以成意，如章士钊所言，"惟举彼实云者，止于两词相次，实仍不彰，于是缀系尚焉"①。正如培因所言："以 gold heavy 两词骈列，直是不词，必缀系 is 其间，意义始显。"而冯德、霍甫定等则认为词句不缀系词，天然显白，俯拾皆是，如月明星稀，山清水秀等，单词成谓，毫无障害，而缀系遂成赘语，所以应该废弃缀系（即命题联项）。这一观点源于对中国古代语言特点的分析。除了中国语言，他们还指出，"寻俄文恒语，每不尚缀系词。若而情形，在震旦文字尤甚"②。章士钊指出，冯霍两派废弃缀系之说并非无病呻吟，"不得谓非通人之言"③。同时，他指出，以意识言，冯霍两派之理胜；以语言论，形式逻辑之法通。他认为，"在逻辑言逻辑，犹须两存而善述之"④。在讲到正负命题时，他又指出："吾文不赖缀系成辞，夫人而知之；惟亦正系为如是尔，若辞取负式，非凿凿入以系词，闻者莫喻。"⑤他以惠施二十一事为例阐述了中国语言的特点与中国辩家趋于负而不趋于正的关系，指出："希腊哲学思想胶执于正，周秦诸子胶执于负，两派各取一端，启示方来；凡东西文明之畸进取，一畸退守，其星宿海在此。"⑥

推理。章士钊指出，西方逻辑有演绎与归纳，演绎始于亚里士多德，归纳始于培根，而"吾之周秦名理，以墨辩言，即是内外双

---

① 章士钊：《章士钊全集》第7卷，文汇出版社，2000，第357页。
② 章士钊：《章士钊全集》第7卷，文汇出版社，2000，第358页。
③ 章士钊：《章士钊全集》第7卷，文汇出版社，2000，第358页。
④ 章士钊：《章士钊全集》第7卷，文汇出版社，2000，第359页。
⑤ 章士钊：《章士钊全集》第7卷，文汇出版社，2000，第359-360页。
⑥ 章士钊：《章士钊全集》第7卷，文汇出版社，2000，第360页。

举,从不执一以遗其二"①。《墨经》云:尽,莫不然也。尽:但止动。章士钊认为其中的"尽"为外籀之事;"止动"为内籀之事。换言之,可尽者属演绎,不可尽者属归纳。这一观点是有一定道理的。演绎的重要特征是前提真,则结论必真;归纳的特征是前提真,但结论未必真。章士钊认为《墨经》中的"尽"即"周延"。三段论的媒词必周延一次,否则得不到必然性的结论。"止动"与"尽"不同,据《墨经》的解释,止属久,动属宇,止动即时间空间之谓。时空内之事物无法为尽。《经》云:尽,莫不然也。亦即演绎之所谓结论莫不然也。

章士钊还指出,荀子已经有了演绎和归纳的思想。他的依据是《荀子·正名篇》中的一段话:

> 推而共之,共则有共,至于无共然后止。……推而别之,别则有别,至于无别然后止。

他认为,所谓"推而共之"是归纳,所谓"推而别之"是演绎。但是他指出荀子的这些思想只是初步的,仅涉及演绎推理和归纳推理的基本特征而已。章士钊的这种看法,没有脱离荀子的思想实际,刻意拔高其演绎推理和归纳推理的思想水平,是难能可贵的。

(一) 演绎推理之比较

章士钊认为,直接推理即公孙龙子之两明之术。两明者,两物

---

① 章士钊:《章士钊全集》第7卷,文汇出版社,2000,第293页。

相互以明也，其无假第三物以为之介可知。章士钊认为《墨经》中亦有西方逻辑中关于命题换质、换位推理的论述，认为《墨辩》的"侔"相当于西方逻辑的换质、换位法则。他指出："换质原语 obversion，又作 acquipollence，训均，训等，与《墨经·小取》言侔正同。墨之言曰：侔也者，比辞而俱行也。"[①] 此指两命题以上，形式有变换，但意思没有变，这就是"比辞俱行"。他在考察了中外名墨的异同后指出，"体"不仅与西方逻辑的换质相同，而且也与西方逻辑的换位相同。"人皆有死"，与"无人不死"意思一致，也就是命题 A，换质的话，应为 E；命题 I，如果换质则为命题 O；E 换质为 A；O 换质为 I。他又指出："辞之侔也，有所至而止。"此之辞侔，盖包举换质、换位诸律令而统言之。《墨经》的"俱二不俱斗，二与斗也"是在说换位之规则，意思是：斗以二人为之，但二人所为，不必即斗，即不能随便进行简单换位。

由此，章士钊认为，墨家之论侔，范围殆与古逻辑之言 obversion or acquipollence 相差不远。这种对比解释是错误的。实际上，"侔"式推理属于现代逻辑中的二元谓词逻辑推理。譬如：

白马，马也；乘白马，乘马也。

骊马，马也；乘骊马，乘马也。

获，人也；爱获，爱人也。

臧，人也；爱臧，爱人也。

---

① 章士钊：《章士钊全集》第 7 卷，文汇出版社，2000，第 378 页。

<<< 第二章　章士钊逻辑思想的形成——《逻辑指要》

很显然，上述命题中前提和结论的命题种类不同，前提是直言命题，结论则是关系命题，它不仅比前提多了一个二元谓词（"乘""爱"），而且多出一个关系者［乘白马（或马）者］和量词。

在谈到换位法之直换时，章士钊说："《墨经》所谓'平立反'者，疑指此。立，所立之辞也。反之而平，犹言换位而无誖于法。夫是之谓正，夫是之谓合，故曰：合，平立反，……正也。"① 在这里，他指出了《墨经》之"平立反"相当于换位法之直换，但不确信。同时，他指出《墨经》之词条"俱二不俱斗，二与斗也"是在说换位之规则。他说："盖斗二也可，二斗也不可，直换明明为誖矣。是之谓俱二不俱斗。"② 意思是：斗以二人为之，但二人所为，不必即斗，换言之，不能随便进行简单换位。

章士钊在谈到附性法时说，墨家关于辞侔的论述比西方逻辑的附性法还多了些方法。墨家于命题上所附加的不以附性法的附加形容词为限，还附加动词，或者其他一些形式。譬如，《小取》说的"白马，马也；乘白马，乘马也。此乃是而然者也"是加词附益法（即附性法）。还有"是而不然"的，如"车，木也；乘车，非乘木也"。还有一种"非而然"的，如"读书，非书也；好读书，好书也"。章士钊对这些推论还做了词义方面的分析。其实，这些例子已经不是推理了。

---

① 章士钊：《章士钊全集》第7卷，文汇出版社，2000，第382页。
② 章士钊：《章士钊全集》第7卷，文汇出版社，2000，第383页。

(二) 间接推理之比较

章士钊用先秦逻辑思想和逻辑理论对西方逻辑之三段论进行了多方面的"融贯中西"的比较、分析，阐明了西方逻辑中三段论的基本结构、推理形式和基本规则早已在我国先秦逻辑理论中有所阐述。他的阐述主要有以下五个方面。

其一，他批驳了严复把三段论式与中国古代的连珠体等同的观点，认为以"连珠"译三段论"于义无取"①。在《逻辑指要》中，章士钊考察了古籍百家有关"连珠"一词的使用情况，对中国历史上连珠的起源、发展、兴盛、坠绪及特点进行了考察，指出连珠"始于汉，而盛于六朝，唐宋稍承坠绪"②，其特点是"辞句连续，互相发明"③，"不指说事情，必假喻以达其旨。夫三段论何不说事情之有？倘不说事情，小前提将无自而生。可知此体在逻辑别有所属，纵所穿并同鱼目，而绝不能强指为三段"④。因为倘若不说事情，小前提将难以提出，由此"可知此体在逻辑别有所属，纵所穿并非鱼目，而决不能强指为三段"⑤。因此，他认为连珠与三段论式是相悖的。他还举例说"《文选》有连珠一体，亦如七体一流之词章风格尔。前者以陆士衡之《演连珠》为范，后者以枚乘《七发》为范。实则两体之作者无虑数十百家，而中心思致者何：曰，即安奈罗支（analogy 即类比、类推）也"。可见，章士钊认为连珠体与

---

① 章士钊：《章士钊全集》第7卷，文汇出版社，2000，第391页。
② 章士钊：《章士钊全集》第7卷，文汇出版社，2000，第392页。
③ 章士钊：《章士钊全集》第7卷，文汇出版社，2000，第391页。
④ 章士钊：《章士钊全集》第7卷，文汇出版社，2000，第391页。
⑤ 章士钊：《章士钊全集》第7卷，文汇出版社，2000，第391页。

类比法有关而与三段论无似。后来的逻辑论著大都用"三段论式"而不用"连珠",与章士钊的观点有很大关系。章士钊明确指出了连珠体与西方三段论的不同,这一点在近代早期的中国名辩学研究中难可贵。

其二,《墨经·大取》云:语经,语经也。白马非马,执驹焉说求之。……三物必具,然后足以生。章士钊认为这是在讲三段论式,并称之为"三物语经"①。章士钊进行了具体分析:"语经",就是言语之常经,议论说理经常采用的结构形式;"词以命物",三物亦就是三词,即三段论的三个名词(项);"三物必具",就是说三段只能有三个名词(项),不能多亦不能少。曰白马,曰马,曰驹,是为三物。执白马与马以明其是非,仅两物尔,无自明理。必诉于第三物曰驹,立为说以求之,断语始萌,生之谓也。故曰"三物必具,然后足以生"。因此,他认为,三段论的结构,"包含之词亦止于三"②,"此(三物)其结构,全然与逻辑三段合符;以是三段论法,亦可曰三物语经"③。在这里,章士钊认为"三物必具"的"三物"即三段论式之大、中、小项。

其三,他以《小取》中对"推"和"辩"的诂释与西方逻辑中三段论的大、小、中项做比较,从而对"三物"进行了更为具体的阐述。

《小取》云:"推也者,以其所不取之同于其所取者予之也。"

---

① 章士钊:《章士钊全集》第7卷,文汇出版社,2000,第398页。
② 章士钊:《章士钊全集》第7卷,文汇出版社,2000,第398页。
③ 章士钊:《章士钊全集》第7卷,文汇出版社,2000,第398页。

他指出：所取，指媒词外之两词言之，以两词俱为断案收纳，故曰所取。所不取，指媒词，媒词者，婚姻成而媒妁退，故曰所不取。"所不取"在墨辩为宏旨。凡三段式之命脉，全操于所不取者之一词，所取者有与之同。在这里，章士钊认为"所取者"是指大小词而言，因其在前提中出现，在结论中亦出现，故称为"所取"。"所不取"则为中词，它在前提中出现而在结论中不出现，"婚姻成而媒妁退"，故名之曰"所不取"。

章士钊还认为，中项在墨辩中可称为"他词"或"彼词"，如他所言："公孙龙子之他辩，他犹彼然，亦即三段论法也。"① "他"源自《公孙龙子·通变篇》之"他辩"二字。章士钊指出："他者，第三位之称，意谓备第三物以明前两物相与之谊，即逻辑之 middle term 也。"② "彼"源自《墨经》"辩，争彼也"一语。章士钊指出："公孙龙之他辩，在《墨经》号为争彼。彼与他同，争彼也者，争第三物之当否也。"③ 进而指出："彼，第三人称，不问而为中词之义。墨家以'争彼'诂辩，可证外籀逻辑之通体结构，存乎三段，中外之理解悉同。"④

《说》云："凡牛枢非牛，两者，无以非也。辩，或谓之牛，或谓之非牛，是争彼也。是不俱当。不俱当，必或不当，不当若犬。"章士钊以此条为例进行了具体分析。他指出在此条中共有三词：牛

---

① 章士钊：《章士钊全集》第 7 卷，文汇出版社，2000，第 400 页。
② 章士钊：《章士钊全集》第 7 卷，文汇出版社，2000，第 579 页。
③ 章士钊：《章士钊全集》第 7 卷，文汇出版社，2000，第 380 页。
④ 章士钊：《章士钊全集》第 7 卷，文汇出版社，2000，第 399 页。

枢、牛和犬。试以甲代牛枢，以乙代牛，以丙代犬。甲乙两词无以相非，亦无以相是，所争者丙。丙之当否，决定甲乙之是非。丙当，则甲乙相是；丙不当，甲乙相非。丙在这里起到了媒介的作用，只有有了中词，才能把其他二词联结起来，或者相是，或者相非，从而构成肯定命题或否定命题。由此，他认为《经说》此条"语意灿然明白，成为墨辩中枢"①。

对于三段论的结构的比较研究，章士钊还引用《小取》中"是犹谓他者同也，吾岂谓他者异也"来阐述。他指出："凡媒词之见于大前提者，以第一他字表之；见于小前提者，以第二他字表之。"显然，这一解释是章士钊对《墨经》文本的一种曲解。其实，"辩，争彼也"是对"辩"的一种界说，"彼"是指某一具体事物。"辩，或谓之牛，或谓之非牛，是争彼也。是不俱当。不俱当，必或不当，不当若犬。"这一条是说论敌双方围绕"彼"即指"牛"进行辩论，一方"谓之牛"，另一方"谓之非牛"，相互辩驳，就形成了"争彼"。所以，"辩"即"争彼"，就是立敌双方对某一事物的不同认识而展开的争论过程。

其四，章士钊还把西方逻辑三段论的公理解释为"盈大否训"。他认为《经说》中"尽与大小"、《大取》中的辞"以类行"与《经下》中的"止，类以行之，说在同"是说"外籀术由全之偏"②，即三段论公理。

其五，章士钊认为，《墨经·小取》中的"效"是论及三段论

---

① 章士钊：《章士钊全集》第7卷，文汇出版社，2000，第399页。
② 章士钊：《章士钊全集》第7卷，文汇出版社，2000，第387页。

规则。他在《名学他辨》中说,墨辩至少论及了三项规则:第一,"他词必至少尽物一次"①,即中词至少周延一次。《经说下》曰:"以牛有齿,马有尾,说牛之非马亦不可,是俱有,不偏有偏无有。"② 章士钊解释说,两个以上事物所都有的属性就是"不尽物",也就是传统逻辑中的不周延,某一属性为某事物所"偏有"或"偏无"为"尽物",就是传统逻辑中的周延。第二,"端词在前提中未尽物者,在断案不可尽物"③,也就是说,在前提中不周延的大、小词,在结论中不得周延。章士钊认为公孙龙"白马非马,执驹马说求之",其错误就是在大前提中不周延的"马",在结论中变成了周延。第三,"他词必正"④,即中词不能混指两个对象。章士钊认为《经上》,"彼,两不可也"⑤,谈的就是此问题。章士钊解释说:"三段共含三词,一彼余两,彼不可者,他词不正之谓。他词不正,余两词(大小词)之连谊必不正。"⑥ 接着他举了一些古代名辩中的实例来说明"他词不正"主要表现为混指两个事物。

三、基本逻辑方法

章士钊对《墨经》中的"举"与西方逻辑中的"定义"(章称之为"界说")做了对比分析。《经上》曰:举,拟实也。告以文

---

① 章士钊:《章士钊全集》第7卷,文汇出版社,2000,第587页。
② 周云之:《墨经校全·今译·研究》,甘肃人民出版社,1993,第32页。
③ 章士钊:《章士钊全集》第7卷,文汇出版社,2000,第587页。
④ 章士钊:《章士钊全集》第7卷,文汇出版社,2000,第587页。
⑤ 周云之:《墨经校全·今译·研究》,甘肃人民出版社,1993,第11页。
⑥ 章士钊:《章士钊全集》第7卷,文汇出版社,2000,第587页。

第二章　章士钊逻辑思想的形成——《逻辑指要》

名，举彼实故也。他指出："界说，《墨经》曰举。界之而当，谓之正举；不当，谓之狂举。《经》云：'举，拟实也。'拟实二字，确是逻辑界说之本谊。"① 章士钊认为"定义"就是《墨经》所说的"举"，"正举"即正确的定义，"狂举"即不正确的定义。正举的准则就是"拟实"。章士钊又对名进行了分类，分为达名、类名、私名。达、类、私就是传统逻辑所说的属种关系。正举或得以正举首先要种属关系明确。

章士钊还指出，《墨经》所谓"狂举不可以知异"，"尽莫不然也"，"此即阐明界说之理也"。② "夫尽者何？尽物也。尽物者，惟其德为是类之所偏有或偏无也。反之，若德为一类以上之所俱有，易而言之，即非偏有偏无。此失之太宽，亦不可以知异。"③ 这里，章士钊认为，"知异"和"尽"论及的是定义的原理和规则。正确的定义就是确定种差，种差的作用就是知道被定义项与其他事物的区别，即被定义概念与包含于同一属概念中的其他种概念之间的差异。章士钊认为种差就是《墨经》所说的"尽"。"尽"有两种：偏有和偏无。种差所揭示的就是被定义概念所偏有，而相关种概念所偏无的属性。"尽"，即定义之规则，定义项之外延须与被定义项之外延相等。

西方逻辑中的定义是指用简短的语句揭示概念内涵的方法。从《墨经》中的"以名举实""举，拟实也"可知，就是说，一个名要

---

① 章士钊：《章士钊全集》第7卷，文汇出版社，2000，第422页。
② 章士钊：《章士钊全集》第7卷，文汇出版社，2000，第423页。
③ 章士钊：《章士钊全集》第7卷，文汇出版社，2000，第423页。

117

求能举出实的特殊的足以使它与其他事物区别开来的性质。可见，章士钊把定义（界说）与举并称是有道理的。

除此之外，《逻辑指要》中还对中西方逻辑家思想的同异进行了比较。譬如在讲西方逻辑史时，把我国的墨家之"知而不以五路，说在久"与康德的先验直觉之论做比较，指出二者"同符"，但"皆旧说"，至"墨康之理荒，而形式之真愈显"。

《逻辑指要》以中国逻辑思想为基础，几乎涵盖了西方传统逻辑的各个方面，用大量古事例反驳了"中国无逻辑论"的观点，这在近代学术界有着相当重要的地位。但是出于种种原因，书中的比较研究还存在着一些不尽如人意的地方，其"融贯中西"的原则也没有得到完全的贯彻。它的"融贯中西"原则，实际上是以"西"为纲，研究"中"，使"中"从属于"西"，从而掩盖了中国逻辑思想独有的特点。但是，这并不能抹杀《逻辑指要》在近代中西逻辑比较研究教科书的地位。

四、译名比较

从西方逻辑有关概念的今译与《逻辑指要》中章士钊比对先秦典籍所定译名之比较中，我们亦可以清晰地看到章士钊进行中西逻辑比较的做法。

表 2-1

今译	章译	出处
概念	意相	《墨经》
混合项	共词	单与兼无所相避则共，虽共不为害。《荀子》
普遍概念	公名	公名者，统其全而一一可名其独。《墨经》曰："名，达、类、私。"达、类。
单独概念	私名	《墨经》曰："名，达、类、私。"私。
集合概念	从名	从名者，摄诸物而名其全。《墨经》从名曰兼，曰："体分于兼也。"
命题	辞	辞也者，兼异实之名以喻一意也。《荀子》 狗犬，命也。《墨经》 期命也者，辩说之用也。《荀子·正名篇》
命题	俉	俉，自作也。《墨经》俉，欨也。《说文》
命题	所作	《墨经》
主项	句主名	所以谓，名也。《墨经》 句主，《墨经》曰名。《逻辑指要》
谓项	谓词实	所谓，实也。《墨经》 谓词，《墨经》曰实。《逻辑指要》

续表

今译	章译	出处
联项	缀系	累而成文，名之丽也。《荀子·正名篇》 丽以缀系当之，可通。
真、假命题	正举、狂举	言，出举也。举，拟实也。
周延	尽物	尽，莫不然也。谓牛马为四足兽，四足兽为物，尽与大小也。《墨经》
换质	侔	侔也者，比辞而俱行也。《墨经》 辞之侔也，有所至而止。《墨经》
类比推理	类推	以类取，以类予。《墨经·小取篇》 推类而不悖。《荀子·正名篇》
曲全公理	盈 否 大训	盈，莫不有也。《墨经》 否，莫不无也。《墨经》
中项（中词）	他词	语出《公孙龙子·通变篇》之"他辩"二字。
大项（大词） 小项（小词）	端词	端，体之无厚而最前者也。
直言三段论	所生三段	立辞而不明于其所生，妄也。 三物必具，然后足以生。《墨经·大取篇》
选言推理	所体三段	体，分于兼也。《墨经》

续表

今译	章译	出处
假言推理	所令三段	令，不为所作也。 令、谓，谓也，不必成。《墨经》
定义	界说	《墨经》曰举。举，拟实也。《墨经》

五、逻辑史的介绍

下面简要整理一下《逻辑指要》中对逻辑史的介绍。

关于"Logic"一词译名的发展史。在为"Logic"定名时，章士钊以其学贯中西的学术基础对"Logic"一词在西方的演变过程，对"名"和"辩"的历史发展及含义进行了深入细致的分析对比，对名家和墨家的思想进行了梳理，并把先秦名辩思想与西方逻辑理论进行比较，从而指出了把"Logic"义译为"名学"或"辩学"的做法虽"偶与今之逻辑合辙，而广狭浅深，相去尔远"，因此，应该舍义译而取音译。这一点在前文已详细阐述。

关于逻辑的起源及发展史。在《立界》一章，他对西方逻辑学和中国名辩学的起源进行了介绍和分析。从理论上，他指出逻辑乃正思之学或思思之学。为了阐明"思"与"正思"，他首先介绍了《墨经》和荀子的思想，指出以名实正思，同实者同名，异实者异名。其次，他介绍了培根、穆勒及耶方斯的观点。培根认为，逻辑者，科学之科学。穆勒认为："逻辑不与人以证，而能教人何物之足证，与如何以决其证之是非；不言某事之证为某，而言以何因缘，此可证彼。"① 耶方斯认为："法式一致而不变，事物可得纳于其下者周流而无穷，以不变御周流，以一致御无穷，是为逻辑。"他指出穆勒与耶方斯的观点更为周切。②

从实践上，他认为西方逻辑学和中国名辩学的兴起都起源于诡辩。他还指出："逻辑卒成科律之学，即由抗御诡辩致然。"③ 换言之，逻辑因反驳诡辩而产生，中西名理，甚为巧合。公元前六世纪，希腊硕士朋兴，辩难锋起；而中国名辩学起于公元前三四百年前的周秦之际。这里，章士钊指出中西逻辑产生的背景的相似之处。

章士钊指出中国的长短说即诡辩，对中国古代的长短说进行了梳理，并以《墨经》所言"物甚长甚短，莫长于是，莫短于是"为依据，指出"长短或短长云者，即诡辩也"④，"此谓一物吾谓之长即长，吾谓之短即短"⑤。此即所谓诡辩。章士钊还列举了中国古代善于诡辩的学者："汉时蒯通善为长短说，主父偃学长短纵横术，边通学长短说。《史记索引》云：《战国策》亦名《长短书》。晋袁悦之能长短说，甚有精理，入都赍《战国策》，言天下要惟此书。"⑥

同时，他举出大量实例来对中西诡辩进行比较，指出二者极为相似。譬如，中国的"龟长于蛇之论"和希腊的"竞走龟捷于兔之说"异曲同工；芝诺之"积静不能为动，天下果无动也"与惠施之

---

① 章士钊：《章士钊全集》第7卷，文汇出版社，2000，第304页。
② 章士钊：《章士钊全集》第7卷，文汇出版社，2000，第304页。
③ 章士钊：《章士钊全集》第7卷，文汇出版社，2000，第304页。
④ 章士钊：《章士钊全集》第7卷，文汇出版社，2000，第305页。
⑤ 章士钊：《章士钊全集》第7卷，文汇出版社，2000，第305页。
⑥ 章士钊：《章士钊全集》第7卷，文汇出版社，2000，第305页。

<<< 第二章 章士钊逻辑思想的形成——《逻辑指要》

"飞鸟之疾而有不行不止之时"诡异相近。

他进而指出诡辩的职志"全在以戈戟向人，为一时间执之计"，诡辩的缺陷在于一切规矩准绳，点到错乱以用之，往来驰说，无有穷时。关于这一点，他还引用戴表元序《齐东野语》中的一段话："盖昔学废兵起，而天下谈客，坐聚于齐，临淄稷下之徒，车雷鸣，袂云摩，学者翕然以谈相宗，虽孟子亦尝为齐学也。然而能非之，今之所传齐东之云者，非之之辞也。"[①] 他指出此处所讲的就是诡辩派。他通过这段话进一步阐释了诡辩的缺陷：斯派以谓真理漫无的标，真伪、善恶、美丑、贤愚诸状物之名随意运用。他认为这就是逻辑需要"讲名实"与"立法式"的原因。在讲述"名实"与"法式"时，大量引用中外史料，中国的史料包括《墨经》之名实观、荀子之同异论、韩非子之法式论；外国的史料更多，甚至讲述了逻辑的发展史。他指出自亚里士多德至十七八世纪，思想程序略无变更。从经院派的支离破碎到穆勒的心理习惯论、斯宾塞尔的遗传性说、希勒的判断说，旧逻辑一方面与社会学、心理学格格不入；另一方面又以数学为友。数学学派如莱布尼茨、德摩根、布尔、施罗德、皮亚诺、威耶尔等推动了形式逻辑的发展，并把应用逻辑与规范逻辑合二为一。

关于概念发展史。章士钊认为西方逻辑之概念在我国道家曰旨，即庄子旨不至之旨；在墨家曰意相，与康德所言 Ding an Sich 相近；《易》则曰物宜，来自"圣人有以见天下之赜而拟诸形容象其物

---

① 章士钊：《章士钊全集》第7卷，文汇出版社，2000，第327页。

123

宜"①。他认为概念离不开共相，共相源于同德，同德伏于事与物间。概念是通过对事物的比较、抽象、会通、命名而产生。

　　章士钊运用大量史料详细介绍了中西方"共相"的沿革历史，指出逻辑与共相为缘，深固不可拔。公元前六世纪，希腊硕士朋兴，辩难锋起，就宇宙中事事物物，其生成变化，究遵何道而行，斯为论议中心，莫之能决。赫拉克利特认为不住之流转即万物之真相。他曾指出，一人不可能两度同入一水。此与庄子言"今之隐几者，非昔之隐几者也"，列子言"虚与委蛇""因以为茅靡，因以为波流"，吕仲木言"灯熄而然，非前灯也，云霓而雨，非前雨也"同理；而与王衍言"前掷似后掷"相反。埃里亚人称"流转者万物之假相"，与赫拉克利特的观点相反。巴门尼德与芝诺师弟相承，与毕达哥拉斯通过辩论来阐述各自的观点。巴门尼德言：天下惟单一而不可分及连续而不可断者为真因。芝诺反驳言：如君所言，宇内所有，惟不连续。一直线，一空间，皆积点而成；信如斯也，天下将无动。何以言之？动者不过诸状断续之假名，实则静也。试即动之距离而剖分之，物由甲点以至乙点；不能无止；有乙点以至丙点，并辗转递推，均不能无止，止止相承，点点俱静。动之云者，如君之言，特诸静之积而已。换言之：动乃静所积而已。此所谓飞矢不动之论。章士钊指出，此论与惠施二十一事中"飞鸟之疾而有不行不止之时"诡异相近。

---

① 章士钊：《章士钊全集》第7卷，文汇出版社，2000，第324页。

<<< 第二章 章士钊逻辑思想的形成——《逻辑指要》

章士钊还指出，芝诺之论"动体 M 运动于 AB 直线之上，欲尽其全程，必先尽其半程，依此递推，终有一半，任行几时，终点莫至"与《墨经》之"非半勿斱，则不动，说在端"及《庄子·天下篇》之"一尺之棰，日取其半，万世而不竭"具有相似之处。

章士钊认为共相是讲名与实的关系。随后他对唯名论、唯实论和唯意论的观点及历史演变进行了详细的探究，分别阐释了毕达哥拉斯、苏格拉底、柏拉图、爱留根纳、霍布斯、阿伯拉尔等人的观点，阐明了他们的根本不同在于对名实关系的不同观点，指出唯名论否认共相无实在与之相符，认为共后于别，如公孙龙、培根；唯实论认为共相与实在相符，共先于别，如爱留根纳与中国的道家；唯意论折中了前两者，认为共入于别，如12世纪的阿伯拉尔。

此外，在讲命题、推理等内容时，章士钊以大量的史料进行阐述。这些史料包括理论方面的，也包括案例方面的。譬如，在讲命题时，他指出荀子所言"辞也者，兼异实之名以喻一意也"中的辞即命题。他认为《墨经》中的"俌"指命题，俌即佽，指二名相次成辞。《墨经》云："狗犬，命也。"这是以例子来阐明命题的含义。章士钊还指出逻辑学家关于命题的不同观点。荀子云"喻一意"，而有的逻辑学家则曰"二意"。

125

第三节　章士钊《逻辑指要》的评价

一、独特的逻辑思想体系——"以欧洲逻辑为经，本邦名理为纬"

章士钊的逻辑思想基本上是比排西方逻辑的体系，这样的做法使他的论述非常具体，研究深入而细微。《逻辑指要》一书是第一次系统地讲述西方传统逻辑内容的专著，就西方传统逻辑领域内的所有问题进行了对比分析和研究，探索了如何建立融合中西逻辑学科体系问题，对于逻辑学在中国的发展意义重大。

章士钊在《逻辑指要·自序》中指出："吾曩有志以欧洲逻辑为经，本邦名理为纬，密密排比，蔚成一学，为此科开一生面。"[①]所谓"以欧洲逻辑为经，本邦名理为纬"就是按照西方逻辑理论体系为基本构架，在对西方逻辑理论的讲解中对中西逻辑思想、逻辑理论、逻辑体系进行对比分析和研究，用中国的案例解释西方逻辑理论，将中西逻辑有机结合为一体，以形成一门独特的、实现中西逻辑思想合流的逻辑科学体系。这是一种讲授西方逻辑理论的独特的方法和思路，更易于初学者理解和接受西方逻辑理论，同时亦阐述了中国的逻辑思想。

《逻辑指要》一书的内容大体与西方传统逻辑教材的内容相同。

[①] 章士钊：《章士钊全集》第7卷，文汇出版社，2000，第294页。

该书所论及的内容基本上都是传统逻辑所涉及的内容,其体系也和西方传统亚氏逻辑的体系基本一致,基本上是按照思维规律、概念、命题、推理的顺序进行讲述。

《逻辑指要》中所阐述的逻辑理论与近代学者翻译和编著的逻辑教材所涵盖的逻辑理论基本相同,所不同的是,其他的逻辑教材或完全翻译西方逻辑教材,或把不同种类的西方逻辑教材整合起来编写教材,而《逻辑指要》一书独辟蹊径,"以欧洲逻辑为经,本邦名理为纬",几乎在每一部分都以中国逻辑的理论相比较,或以中国的案例去阐释西方逻辑理论,以西释中,以中释西,以求做到中西结合乃至融合。章士钊这样的著述思路亦源于对中国古代逻辑进行整理的决心。对于中国古代的逻辑思想,他引用蔡子民的话"满屋散钱,寻不着串子"。他意指中国古代逻辑思想散乱而无体系,决心"寻而贯之",以"竟逻辑之全功"。

《逻辑指要》"以欧洲逻辑为经,本邦名理为纬"的著述思想主要表现在以下几个方面。

第一,以西方逻辑体系作为框架结构,用中国名辩思想去解释西方逻辑理论,并做比较研究,在比较中阐释西方逻辑,展示中国名辩。

譬如在《立界》一章,章士钊着重讲述了逻辑学的研究对象、定义及起源。他认为逻辑乃正思之学或思思之学,更确切地说,乃依据法式综名实以正其思之学。对于"思"与"正思"的解释,他运用中国古代的案例和《墨经》《荀子》的话来实现。譬如,用齐王好士的典故来讲"思",用《墨经》的名实论和荀子的同异论来讲"正思"。章士钊指出,逻辑乃正思之学。首先,他引用《墨经》两知之说和荀子的"信信,信也;疑疑,亦信"来解释"思"。"逻辑者所以求知也,而求知自明无知始;逻辑者,信信也,而信信自疑疑始。明无知而疑疑,自思始。"①

西语"逻辑"的基本词义是言辞、理性、秩序和规律,严复将逻辑看作是基督教所称的灵魂,佛学所称的阿弥陀佛,老子所说的道,孟子所谓的性。章士钊的解释为:"逻辑者,正思之学也。或曰'思思之学'。'思思'云者,即凡所有思想,立为种种法式,推校焉,参互焉,以期所得信为最正确者而归依焉也。"② 章士钊也指出此一界说过简,但可以帮初学者入门。

再如,在讲到如何正思时,认为要"讲名实""立法式"。在阐释"讲名实"时,他引用《墨经》"所以谓,名也;所谓,实也"做解释。凡人命意遣言,一切能谓所谓,举得其正,思想自正。同时,他认为荀子所言之"同则同之,异则异之,……知异实者之异名也,故使异实者莫不异名也,犹使同实者莫不同名也"足以发挥正思之能事。在阐释"立法式"时,他引用《韩非子·主道篇》:同合形名,审验法式。他指出,法者,逻辑之法也;式者,逻辑之式也。为了更进一步阐明"法式"的含义,他指出"法式"就是"秩序",类似《中庸》所言之"位育",庄子所言之"原达",《易》所言之"方",《孟子》所言之"条理"。

在讲到"正"时,他指出,正乃基于性契而相为一致也,包括

---

① 章士钊:《章士钊全集》第7卷,文汇出版社,2000,第303页。
② 章士钊:《章士钊全集》第6卷,文汇出版社,2000,第38页。

<<< 第二章　章士钊逻辑思想的形成——《逻辑指要》

思想之本身一致和思想与自然一致。这里，他引用荀子之言"凡论者贵其有辨合，有符验"来解释。凡辨而能合，符而能验，是之谓正。在讲到如何区分逻辑"规范"与伦理之"规范"时，他以尸佼和荀子之言、《商君书》和《墨子》之言来阐明"正"的含义。譬如，尸佼曰：是非随名实，赏罚随是非。荀子曰：名实乱，是非之形不明。他认为这里所谓之"是非"均不含伦理善恶之义。他在分析了《商君书》和《墨子》之言后指出，"吾法家墨道，封域固不与逻辑合符，而为名定义，要去逻辑之律令不远"。综合上述分析，他给出了"正"的解释：治不执一，不足以为政；思不廉悍，不足以为逻辑。

再如，在《思想律》一章，讲到"同一律"时，他以《论衡·无形篇》与《墨经》之言来阐释。《论衡·无形篇》曰：人生立形谓之甲，终老至死，常守甲形，如好道为仙，未有使甲变为乙者也。又曰：人形气已定，寿命无可增减。若复增寿，除非易形，形不可易。传称高宗有桑谷之异，悔过反政，享福百年，乃是虚说。如言高宗形体变异，其年亦增，始可信也。今言年增，不言体变，未可信也。他认为"此乃本律精谊"，"凡说明本律精神，谊无更切于此数语者"。[1]

讲到"毋相反律"时，他以鲁胜《墨辩序》中"名必有分明，分明莫如有无"二语来做解释，认为此二语"足为本律注脚"[2]。此外，他还以《容斋随笔》《论语》《红楼梦》《世说新语》《聊斋》

---

[1] 章士钊：《章士钊全集》第7卷，文汇出版社，2000，第312页。
[2] 章士钊：《章士钊全集》第7卷，文汇出版社，2000，第313页。

129

等书上的例子来解释此律。这样的讲述方法在《逻辑指要》中俯拾皆是，引经据典，深入浅出。

第二，用中国古代案例与西方逻辑理论或案例做类比，举一反三，融会贯通，使抽象的理论简单化，更易于理解。

譬如，在《立界》一章，章士钊认为逻辑乃正思之学或思思之学。对于"思"的解释，他运用中国古代的案例齐王好士的典故来讲"思"。在讲到西方逻辑起源诡辩时，他认为中国亦是如此，指出中国的长短说即诡辩，并以中国的"龟长于蛇之论"和希腊的"竞走龟捷于兔之说"为例来说明。

在讲西方逻辑史时，把我国的墨家之"知而不以五路，说在久"与康德的先验直觉之论做比较，指出二者"同符"，但"皆旧说"，至"墨康之理荒，而形式之真愈显"。①

再如，在《思想律》一章，讲到如何理解思想律时，他引用刘子厚的《梓人传》，认为其有以通逻辑之邮。梓人乃"古之审曲面势者"，"所职为寻引规矩绳墨，……盈尺而曲尽其制，计其毫厘而构大厦，无进退焉"。章士钊认为逻辑之术亦然。思想律者，即为逻辑之"寻引规矩绳墨"也，明其同异，定其迎拒，即所谓"审曲面势者"也；既明且定，即所云"曲尽其制，计毫厘而无进退"者也。章士钊认为思想律有两个要求：一是思想与其本身相合；二是思想与自然相合。前者"得其寻引规矩绳墨则达"，后者"善用寻引绳墨则致"。

---

① 章士钊：《章士钊全集》第7卷，文汇出版社，2000，第307页。

<<< 第二章 章士钊逻辑思想的形成——《逻辑指要》

同时，章士钊还以"中庸之道"与思想律做类比。子思曰：道也者，不可须臾离也；可离，非道也。程子曰：不偏之谓中，不易之谓庸。他指出，天下求善之不偏不易曰道，求真之不偏不易曰逻辑，求真若求善；而所谓律，不可须臾离也，可离，非律也。

在讲到"不容中律（即排中律）"时，他以孟子之论兼金一事来阐释："今日之受是，则前日之不受非也。前日之不受是，则今日之受非也。二者必居一于此矣。"他认为以必居一释不容中，乃形式逻辑惬心贵当之义。

在《概念》一章，他以鳖宝与概念做类比。小说载：有得鳖宝者，目最明，黄泉下皆可见，即素所不知之物，亦随口而知其名。他认为"逻辑家之鳖宝非他，即概念是"。

再如，在《命题》一章，在阐述"命题"的含义时，他反复运用荀子和《墨经》中的思想来做解释。荀子曰：辞也者，兼异实之名以喻一意也。这里的辞即命题。题者，标识之谓，其所以为标识之法度，曰命。《墨经》曰：狗犬，命也。《荀子·正名篇》曰：期命也者，辩说之用也。他认为命题在《墨经》中曰侔。《说文》云：侔，欱也。盖凡辞，以二名相次为之，前曰主词，后曰谓词。在吸取荀子与《墨经》思想的基础上，章士钊又做了修正，给"命题"下了一个定义：命题者，离合二名而喻一意也。

在讲《内籀方术》（即归纳法）之同异合术（求同求异共用法）时，章士钊引用中外相似的案例来阐述。

其一，耶方斯的案例：凡虹见时，天空四野，必有下雨之处，故虹名曰雨弓，盖必有雨点，此物始见，断无万里晴空忽见彩虹之事。然而有云雨矣，又不可密布同云，使不见日；必无晴有晴，一边日出，一边雨落，而后虹见。汝定能忆凡虹出现，多在夏天，晚雨初过，近无远有，而斜阳尚未下山，犹辉天际之倾。①

其二，他又引用黄休复之《茅亭客话》中类似的描述：友人李颢元云，虹蜺者阴阳之精也。虹，雄也；蜺，雌也。有青赤之色，常依阴云而尽见，大阴亦不见，日落西，虹乃东见，见必有双，鲜者雄也，淡者雌也。入人家饮水，或福或凶。②

其三，他还引用明末诸生徐石麟的论虹之言：虹由日映雨气而成，其半湾亘天者，则以日射地球四面，其形当圆。人在地中，止见其半。人于烈日中喷水，水气必成五彩，故虹亦成彩色焉。③

二、客观的自我评价——"一部逻辑发展史匆遽而紊乱的速写"

章士钊在《逻辑指要》一书中旁征博引，运用了大量中国古代逻辑思想、逻辑理论和逻辑事例，极尽所有逻辑名家、思想名家、哲学名家，如中国先秦的老子、孔子、庄子、墨子、荀子、公孙龙，近代的严复、胡适、章太炎、梁启超等，西方的亚里士多德、培根、耶方斯、穆勒、斯宾塞尔、布尔、莱布尼茨、康德、罗素、怀德海、施罗德、皮亚诺、蒲罗伟、韦尔等；引征的著作也涉及古今中外，诸如《墨经》《战国策》《论语》《中庸》《孟子》《汉书》《论衡》《木兰辞》《晋书》《纯粹理性批判》等。这不仅为中国逻辑史的学

---

① 章士钊：《章士钊全集》第7卷，文汇出版社，2000，第510页。
② 章士钊：《章士钊全集》第7卷，文汇出版社，2000，第510页。
③ 章士钊：《章士钊全集》第7卷，文汇出版社，2000，第511页。

习提供了"辨识入门途径",也为这方面的研究提供了丰富的素材和资料,同时,亦考证了某些事物的历史发展演变的过程。

正如谢幼伟在《现代哲学名著述评》中所言:"其特点,在能将我国所有之逻辑材料纳入于西洋逻辑系统中,使成为中国式之逻辑教本。其用力之勤,搜罗之富,及其对我国旧籍理解之正确,殆无可伦比。"[①] 对中国逻辑材料的收集客观上是一种对中国逻辑史的整理。故此,章士钊在《逻辑指要》1959年重版说明中自我评价道:"约略说来,是一部逻辑发展史匆遽而紊乱的速写。逐节所用例证,不分古今中外,殊杂糅而无范。"这一评价是有道理的,不过它的编排不是编年体的,而是按照知识体系来进行中国逻辑史的编排。该书中所运用的中国古代文献有100余种,外国文献有30余种。这些文献大致可以分为两类:一类是逻辑或名辩学理论,这些文献大多来源于包含大量逻辑思想或名辩学思想的著述,如《墨经》《公孙龙子》《荀子》等;另一类是可以阐释逻辑理论的案例,这些文献的来源比较广泛,涉及各类著述,譬如《汉书·艺文志》、蔡邕《独断》、孟坚《白虎通义》、马建忠《马氏文通》等。在运用这些文献的时候,章士钊大都信手拈来,用得恰如其分,不得不让人佩服其逻辑学功底和中西文化修养的功底。

三、总体评价

由于中国传统文化中并没有逻辑这门学问,正如章士钊所说的

---

① 谢幼伟:《现代哲学名著述评》,正中书局,1947,第106页。

"逻辑之名，起于欧洲，而逻辑之理，存乎天壤"，所以要研究中国文化中的逻辑思想，就必然要运用到西方逻辑的一些概念、体系和框架作为参照，也不可避免地采用比较的研究方法。章士钊的《逻辑指要》也不例外，它运用西方逻辑理论来比较研究中国古代逻辑尤其是墨辩逻辑，全面系统地比较解释了中国逻辑中有关思维规律和思维形式的理论，提出许多独到的见解。张君劢在为《逻辑指要》作序时亦曾指出："《逻辑指要》之作，章节次第虽同于西方逻辑，而所征引为中土学者关于逻辑学之言论：一以辨中土逻辑说之非；二以明中土旧逻辑学西方学说之相合。故此书不仅寻常逻辑读本，而中土旧逻辑史料，实具于其中。"[①] 可见，《逻辑指要》在"融贯中西"方面有显著的贡献。

从上述分析可以发现，章士钊在对中西逻辑的比较研究中有以下特点和不足之处。

其一，在章士钊的《逻辑指要》中，中国名辩与西方传统逻辑的比较与比附同时存在。

《逻辑指要》作为一本介绍西方传统逻辑的专著，几乎对传统逻辑的所有问题都进行了中国名辩与西方逻辑的比较或对照分析，较近代其他学者如严复、梁启超、胡适等的比较更为具体、细致，对很多问题的分析具有独特的见解，对后来的研究者有一定的借鉴意义。同时，章士钊对中国名辩与西方逻辑的比较或对照分析中也存在较多生搬硬套、牵强比附的做法，这在近代中国逻辑研究中比较

---

① 章士钊：《章士钊全集》第7卷，文汇出版社，2000，第287页。

常见，也一定程度上禁锢了后来的逻辑研究者。

很多学者如彭涟漪、崔清田等都认为像章士钊这样的中西逻辑比较研究是"据西释中"，实际上是用西方逻辑的框架研究中国古代的逻辑思想，即用中国古代逻辑思想和实例去阐释西方逻辑。这样做的后果一是抹杀中国古代逻辑思想理论的独有特征，无形中缩小了中国逻辑特色的思想和理论；二是在对中国古代逻辑思想的解释中难免会有某些生搬硬套的地方；三是难免有"杂糅而无范"的弊病。崔清田在《显学重光》中指出，"'据西释中'解释墨家辩学的过程，实际是对墨家辩学与西方传统逻辑进行比较研究的过程"，是"只讲求同的比附"。[1] "《墨辩》的比较研究法是指近代《墨辩》研究进入义理研究阶段之后所盛行的西学，尤其是以西方传统逻辑或古印度的因明学为工具去比附、套释《墨辩》的方法。"[2] "近代《墨辩》复兴就突出地表现为——以近代西方传统逻辑和印度因明学为比附、比较或套释《墨辩》。"[3] 谭戒甫亦指出："周秦诸子里面多有名家言，很多学者利用西方逻辑三段论法的形式，把来一模一样地支配，因说东方也有逻辑了。及仔细查考，只是摆着西方逻辑的架子，再把我们东方的文句拼凑上去做一个面子。这不是我们自己的东西，虽有些出于自然比附，但总无独特性。"[4]

---

[1] 崔清田：《显学重光》，辽宁教育出版社，1997，第158页。
[2] 崔清田等：《近代〈墨辩〉比较研究法的回顾与反思》，《湖北大学学报》（哲学社会科学版）1996年第3期，第24-29页。
[3] 崔清田等：《近代〈墨辩〉比较研究法的回顾与反思》，《湖北大学学报》（哲学社会科学版）1996年第3期，第24-29页。
[4] 罗运环：《论谭戒甫先生治墨学之道》，《武汉大学学报》（人文科学版）2005年第6期，第714-717页。

应该说，章士钊对中国名辩与西方传统逻辑进行的比较确实有牵强附会、比附的地方，譬如章士钊把"尽物"视为"周延"，把"不尽物"视为"周延"；把《小取》中的"所取"解释为三段论的两个端词，"所不取"解释为三段论的中词等。

但是章士钊的中西逻辑比较研究更多的是科学的比较研究，而非牵强附会的比附，譬如他对逻辑规律的比较。应该说，正确运用的"据西释中"和中西逻辑比较不等于比附，不能对章士钊的研究成果全盘否定。比附是不管青红皂白，简单地拿西方逻辑的语言、公式来生搬硬套中国逻辑元典的字句。"比附"的意思是勉强对不能相比的东西进行比较，这与"据西释中""借西方逻辑之石，攻中国名辩之玉"的科学比较，是不可混同的。

此外，章士钊在比较中亦注意到了中国名辩与西方传统逻辑的不同特点，指出了中国名辩中的一些特点，譬如语言方面的特点。章士钊从语言表达的角度指出了中西逻辑的不同。譬如，在论及"毋相反律"时，章士钊指出我国的语言文字"正负二念，往往集于一音，至今遗蜕之流于文字间者，所在多有。……字有假借相反者，如臭本腐气，反借香也；扰本烦杂，反借驯也；乱本繁絫，反借治也"。[①] 严复把这种现象归咎于国人没有发明新词来避免此类问题。对此，章士钊不敢苟同严复的"鄙见东学"，并认为这一现象是必然的，人们之所以弄不清同一个词在不同情况下的不同含义，是因为没有考虑到当时特定历史背景下的特定含义，这种现象也不尽

---

① 章士钊：《章士钊全集》第7卷，文汇出版社，2000，第313页。

然是不好的,诸如在中国古汉语中经常有倒语或表里不一的现象,陈宗明认为这种现象"本质上仍然是思维和语言的矛盾"①,章士钊从逻辑共性和语言个性视角,认为中国古代汉语中的这些现象并非违反了逻辑基本规律,因为"此类文字,反义具于本身,而当时用之者止于一义"②。章士钊举例:"《水浒传》第二十四回云:'浑哥不忿闹茶肆'此不忿正言忿也。《红楼梦》第五回:'黛玉心中便有些不忿之意',亦同此。"③ 这就需要把语言置于当时的语境加以分析才能得其真正的含义。这种表面上违反逻辑思维规律的用法,给人留下深刻的印象。对于这些现象的研究"颇关吾国学术特性"。这里,章士钊从语言的角度说明逻辑在不同民族之间的差异和个性。

其二,《逻辑指要》主要限于微观层面的比较,对某一具体问题、字句理解的比较占主要方面;而从两种逻辑体系的宏观方面比较得较少。章士钊所进行的中国名辩与西方逻辑的比较是按照西方逻辑的知识体系分别对体系中的知识点进行的比较,这样的比较是微观层面的比较,譬如逻辑规律、逻辑中的一些概念的比较以及对逻辑形式如概念、命题、推理的比较。这些前文已详细阐述,不再赘述。

其三,《逻辑指要》主要从中国名辩与西方传统逻辑的表层上求取相似点加以比较、类比或比附,方法比较简单、机械,对很多问题的理解还有偏差,而很少去探究两种逻辑深层的东西。

---

① 陈宗明:《现代汉语逻辑初探》,生活·读书·新知三联书店,1979,第23页。
② 章士钊:《章士钊全集》第7卷,文汇出版社,2000,第314页。
③ 章士钊:《章士钊全集》第7卷,文汇出版社,2000,第316-317页。

其四,《逻辑指要》中有很多将"逻辑的应用"与"逻辑问题"混为一谈的做法。《逻辑指要》中有大量的举例,其中包括很多古代的案例,它们中的大多数只是为了解释西方逻辑,而非中西逻辑的比较研究。这种通过阐释古代的逻辑学说来宣传西方逻辑,为在中国传统文化范围之内寻找一片适合种植西方逻辑的领域的思路是可以的,但是作为比较研究确实很牵强。逻辑史的研究对象是有关逻辑及其问题的发生发展史。逻辑史并不包含逻辑的应用。在讲逻辑与用逻辑之间的异同上,许多近代学者都把两者混为一谈,将许多应用逻辑的内容当作真正的逻辑研究对象。章士钊的《逻辑指要》是以西方逻辑原理解读先秦诸子散文,这些诸子散文本身并不是真正的逻辑问题。《逻辑指要》是典型的将"用逻辑"与"讲逻辑"相混淆的现象。

第三章

章士钊中国逻辑思想研究的比较分析

20世纪初,是西方逻辑传入的大繁荣和中国逻辑思想研究的起步时期,晚清对先秦诸子学的考证训诂为这个阶段诸子义理之学的阐释奠定了基础,也是近代以来诸子学发展的基本路径。正如梁启超所说:"晚清'先秦诸子学'之复活,实为思想解放一大关键。此种结果,原为乾嘉派学者所不及料,然非经诸君下一番极干燥极麻烦的校勘功夫,则如《墨子》《管子》一类书,并文句亦不能索解,遑论其中所含义理。所以清儒这部分工作,我们不能不竭诚感谢。现在这部分工作已经做得差不多了。以后进一步研究诸家学术内容,求出我国文化渊源流别之所出所演,发挥其精诣,而批评其长短得失,便是我们后辈的责任。"[1] 正是在这个背景下,一大批学者基于西方逻辑学的研究开始对中国传统文化尤其是墨家思想中的逻辑内容进行阐发,出版了一些著作成果。对此,栾调甫曾在20世纪30年代做一总结:"清儒治《墨子》者,不过校注而已,初无事乎其学也。逮至近二十年来,述学之作云合雾集,而墨学之深义,亦日有启扬矣。"[2]

---

[1] 梁启超:《中国近三百年学术史》,东方出版社,1996,第304-305页。
[2] 栾调甫:《墨子研究论文集》,人民出版社,1957,第143页。

这一时期研究中国逻辑思想的学者主要有梁启超、胡适、章士钊、郭湛波、虞愚、刘师培、张岱年、陈启天等人，由于对先秦诸子学的内容理解不同，加之对西方逻辑学研究的深浅不一，所以他们对中国逻辑思想研究的方法、原则、内容等方面也有所不同。本章试图通过与这些人的研究成果进行比较，来凸显章士钊在中国逻辑思想史上的地位和贡献。

第一节　与梁启超逻辑思想的比较

梁启超（1873—1929），字卓如，号任公，广东新会人。中国近代思想家、政治家、教育家、实学家、文学家。梁启超早期为资产阶级改良派，与康有为一起发动"公车上书"运动，领导强学会，与黄遵宪一起办《时务报》。戊戌变法失败后流亡日本，在海外推动君主立宪。他倡导新文化运动，支持五四运动。他在史学方面的著作有《中国史叙论》《新史学》《中国历史研究法》《中国历史研究法补编》《清代学术概论》《中国近三百年学术史》《情圣杜甫》《屈原研究》《先秦政治思想史》《中国文化史》《变法通议》等；目录学方面的著作有《西学书目表》《西书提要》《东籍月旦》《国学入门书要目及其读法》《读书分月课程》《东原著书纂校书目考》《要籍解题及其读法》《佛经目录在中国目录学之位置》《汉书·艺文志·诸子略》等10余种。梁启超一生勤奋，著述宏富，各种著述达1400多万字。梁启超有多种作品集行世，1936年9月11日出版的《饮冰室合集》较完备。《饮冰室合集》计148卷，1000余万字。

他对墨家逻辑的研究主要集中在《墨子之论理学》《墨经校释》《墨子学案》等著作中。1904年，他写成《子墨子学说》，该书的附录《墨子之论理学》专论墨家逻辑学。1920年，完成《墨经校释》。1921年，写成《墨子学案》，其中第七章为墨家之论理学及其他科学。

梁启超对科学方法非常重视，他反复强调"凡欲一种学术之发达，其第一要件，在先有精良之研究法"[①]。他认为西方之所以能有先进的科学文化知识，是因为有逻辑学作支撑。"所谓科学精神，不外发明事物公共法则拿来应用，怎样的发明，怎样的应用，却是靠论理学。演绎的论理学，是把同法的推到同类，归纳的论理学，是从同类中求出同法。"[②] 至于我们中国人是否有与西方逻辑学类似的科学方法呢？梁启超说："我们的知识用什么方法得来呢？《墨经》说：有三种方法。第一是'闻知'，从传授得来。第二是'说知'，从推论得来。第三是'亲知'，从经验得来……亲知是归纳的论理学，说知是演绎的论理学，这两种都是纯靠自力得来的知识。闻知是其他听受记诵之学，是借助他力得来的知识。三种交相为用，各有所宜，不能偏废。最靠得住的，自然是亲知……所以现代科学精神，无论治何种学问，总以经验为重。"[③] 从中我们看出，梁启超认为中国获得知识的方法就是《墨经》，这就是中国的逻辑学。他高度

[①] 梁启超：《清代学术概论》，中国书籍出版社，2006，第49页。
[②] 梁启超：《墨子学案》，载梁启超《饮冰室合集》卷八，中华书局，1989，第52页。
[③] 梁启超：《墨子学案》，载梁启超《饮冰室合集》卷八，中华书局，1989，第38页。

评价了《墨经》在中国学术研究中的重要价值："试将全部墨子细读，到处都发现这种论式，便可见墨家的主义，都是建设在严密的论理学基础之上了。"①"在吾国古籍中，欲求与今世所谓科学精神相悬契者，《墨经》而已矣。"②"《墨经》殆世界最古名学书之一也。"③他感叹《墨经》并没有一直传承和发扬光大，从而导致了我们现在的落后。"只可惜我们做子孙的没出息，把祖宗遗下的无价之宝埋在地窖子里二千年，今日我们在世界文化民族中算是最缺乏论理精神、缺乏科学精神的民族，我们还有面目见祖宗吗？如何才能够一雪此耻，诸君努力啊。"④

梁启超既然认为《墨经》是中国的逻辑学，那么如何才能证明呢？这其中必然要用到比较的方法，即把《墨经》与西方的逻辑学进行对照比较。"凭借新知以商量旧学"⑤，"以欧西新理比附中国旧学"⑥，"以欧美现代名物训释古书，甚或以欧美现代思想衡量古人"⑦。他认为这种方法有一个好处，那就是"不知己之所长，则无以增长光大之；不知己之所短，则无以采择补正之"。⑧"凡教人必

---

① 梁启超：《墨子学案》，载梁启超《饮冰室合集》卷八，中华书局，1989，第51页。
② 梁启超：《墨经校释·自序》，载梁启超《饮冰室合集》卷八，中华书局，1989，第1页。
③ 梁启超：《墨经校释·自序》，载梁启超《饮冰室合集》卷八，中华书局，1989，第1页。
④ 梁启超：《墨子学案》，载梁启超《饮冰室合集》卷八，中华书局，1989，第65页。
⑤ 梁启超：《墨经校释·自序》，载梁启超《饮冰室合集》卷八，中华书局，1989，第2页。
⑥ 梁启超：《子墨子学说》，《饮冰室合集》卷八，中华书局，1989，第55页。
⑦ 梁启超：《先秦政治思想史》，《饮冰室合集》卷九，中华书局，1989，第13页。
⑧ 梁启超：《论中国学术思想变迁之大势》，上海世纪出版集团，2006，第35页。

当因其性所近而利导之，就其已知者而比较之，则事半功倍焉。"①

梁启超认为："墨子全书殆无一处不用论理学之法则，至专言其法则之所以成立者，则惟《经说上》《经说下》《大取》《小取》《非命》诸篇特详。"②

在《墨子之论理学》中，梁启超认为"辩"就是论理学，"所谓辩者，即论理学也"，"西语的逻辑，墨家叫作'辩'"。"'墨辩'两字，用现在的通行语翻出来，就是'墨家论理学'。"他把《墨经》中的词与西方逻辑学的术语进行了比对。比如，"名"是"名词"，"辞"是"命题"，"说"是"前提"，"实意故"是"断案"（即结论），"类"是三段论中的"媒词"（即中词），"或"是特称命题，"假"是假言命题，"侔"是"比较"，"效"是"法式"，相当于三段论的格。

在《墨经校释》中，梁启超认为《墨经》都用"名学的演绎与归纳而立义，其名学之布式，则与印度因明有绝对相似处，同时有西洋逻辑之三段式"。他肯定《墨经》中有四分之一论名学的原理皆为论理学的重要问题。③ 在《墨子学案》第七章中，梁启超基本上也是谈论了以上这些内容，在具体内容上有一些增加和改变。比如，以名举实是逻辑上的概念，以辞抒意是逻辑上的判断，以说出故是逻辑上的推理。梁启超认为"《墨经》论理学的特长，在于发

---

① 梁启超：《论中国学术思想变迁之大势》，载梁启超《饮冰室合集》卷七，中华书局，1989，第3页。
② 梁启超：《墨子之论理学》，载梁启超《饮冰室合集》卷八，中华书局，1989，第56页。
③ 周云之：《中国逻辑史》，山西教育出版社，2004，第416页。

明原理及法则，若论到方式，自不能如西洋和印度的精密，但相同之处亦甚多"。① 他随后对印度因明、西方逻辑和《墨经》进行了比较研究。他还将"推"解释为归纳法，认为穆勒五法都可以从《墨经》中找到对应之处。

梁启超在中国历史上首次运用比较的研究方法对墨家逻辑进行了分析，对于中国传统文化中的逻辑思想复苏和弘扬起到了推动作用。梁启超在《墨经》研究中所用的比较方法更多的是一种机械生硬的比较，有生搬硬套之嫌疑，后来他也意识到了这个问题，在给张其煌《墨经同解》的序中说："近人或以经文全部，与印之因明、欧之逻辑同视，子武（即张其煌）以为……经说虽往往应用辩术，然并非以释辩为主。若事事以因明、逻辑相傅会，或反有削趾适履之虞。"② 郭湛波指出："前人研究先秦辩学的方法，不是用古典的形式论理学，就是用资本主义实验论理学，而没有求出当时学术的真象。"③ 梁启超的这种方法"使墨家辩学研究实际上成了西方传统逻辑的中国型讲述，而不是对墨家辩学自身特质的阐释"，"实质是使墨家辩学向西方传统逻辑认同"。④

梁启超和章士钊在研究中国逻辑思想时存在着以下共同之处：

第一，梁启超认为逻辑是西方科学文化兴盛的基础，学术的发达在于有先进的方法，这个方法就是逻辑。章士钊认为逻辑是求知

---

① 梁启超：《墨子学案》，载梁启超《饮冰室合集》卷八，中华书局，1989，第48页。
② 《墨经通解》，1928年独志堂刊本，第4页，载温公颐、崔清田《中国逻辑史教程》，南开大学出版社，2001，第333页。
③ 郭湛波：《近五十年来中国思想史》，山东人民出版社，1997，第198页。
④ 崔清田：《显学重光》，辽宁教育出版社，1997，第159页。

的科学,它为一切科学的科学在于它的法式,也就是规则。他们对逻辑的作用和认识基本上是一致的,都强调逻辑的根基作用。

第二,梁启超和章士钊都认为中国有西方意义上的逻辑,比如梁启超认为:"试将全部墨子细读,到处都发现这种论式,便可见墨家的主义,都是建设在严密的论理学基础之上了。"[1] 章士钊认为"逻辑起于欧洲,而理则吾国所固有","先秦名学与欧洲逻辑,信如车之两轮,相辅而行"。[2] 而且他们都认为中国不仅有逻辑,而且演绎和归纳二者都存在,"若吾之周秦名理,以墨辩言,即是内外双举,从不执一以遗其二"[3]。

第三,梁启超和章士钊都把《墨经》与西方逻辑学三段论和印度因明三支论式进行了比较,认为它们之间有相似之处。章士钊指出《墨经·大取》中的三物论符合三段论的法则。梁启超认为《墨经》中存在穆勒五法的影子,章士钊则用一章的内容来介绍穆勒五法。

他们之间还存在一些不同之处:

第一,章士钊是反对白话文的,因此《逻辑指要》是用文言文的形式写作的,而梁启超提倡白话文,所以他的逻辑著作都是采用白话文的方式,这样有利于逻辑思想被更多的人了解和接受。高承元在给《逻辑指要》作的序中也指出章士钊的这一缺点:"本篇以古文体写之,国人能读者几何?承元讲学南北十有余年,见学生之

---

[1] 梁启超:《墨子学案》,载梁启超《饮冰室合集》卷八,中华书局,1989,第51页。
[2] 章士钊:《章士钊全集》第7卷,文汇出版社,2000,第295页。
[3] 章士钊:《章士钊全集》第7卷,文汇出版社,2000,第293页。

能通古文者，十不一二。苟大学生尚不能读此书，而冀其能普及于社会，岂非俟河之清哉！"①

第二，章士钊曾在英国阿伯丁大学专门学习西方逻辑，其逻辑功底扎实深厚，而且他对中国传统文化的理解和认识深刻，所以他运用西方逻辑方法来探究中国传统文化中的逻辑思想毫无困难，在《逻辑指要》中我们可以发现他将逻辑和中国文化融合得浑然天成。梁启超并没有系统学习过西方逻辑学，可能在日本流亡期间阅读过相关的著作，因此对西方逻辑的理解可能没有章士钊深刻。

第三，在写作方式上，章士钊是按照西方逻辑学教材概念、判断、推理的顺序推进的，而梁启超主要是按照《墨经》编排顺序来讲述与西方逻辑对应的逻辑思想，在体例上与西方逻辑教材有所不同。

第四，在研究范围上，章士钊的《逻辑指要》时间跨度从先秦一直到他所处的那个时代，古今中外的名人思想中涉及的逻辑思想都有所提及，是中西逻辑思想比较史上尤其宝贵的资料。而梁启超的《墨子之论理学》《墨经校释》和《墨子学案》仅局限于《墨经》这本先秦著作，没有挖掘中国传统文化中其他资料的逻辑思想。

---

① 章士钊：《章士钊全集》第7卷，文汇出版社，2000，第291页。

第二节 与胡适逻辑思想的比较

胡适（1891—1962），字适之，安徽绩溪人，中国近代著名的文学家、史学家和哲学家。他于1910年留学美国，考入康奈尔大学学习农科，后转入哥伦比亚大学哲学系，师从约翰·杜威。1917年，在《新青年》上发表《文学改良刍议》，提倡文学改良。1917年胡适用英文撰写了博士论文 *The Development of the Logical Method in Ancient China*（《先秦名学史》），这是中国人写的第一部中国逻辑史的专著。1919年出版的《中国哲学史大纲（卷上）》在许多方面继承并深化了《先秦名学史》的观点和思想。其后，胡适发表的一系列论文和书信，如《〈墨子·小取篇〉新诂》（1919）、《梁任公〈墨经校释〉序》（1921）、《论墨学》（1921）等，体现了他对墨学的进一步研究。他的主要著作有《尝试集》《白话文学史》（上）和《胡适文存》（四集）等。他在学术上影响最大的是提倡"大胆地假设、小心地求证"的治学方法。

胡适认为中国近代历史的落后在于中国哲学家"对自然客体的研究提不出科学的方法"[1]，这里科学的方法就是指逻辑学。"哲学是受它的方法制约的，也就是说，哲学的发展是决定于逻辑方法的发展的。"[2] "他们对自然客体的研究提不出科学的方法，也把自己

---

[1] 胡适：《先秦名学史》，安徽教育出版社，2006，第5页。
[2] 胡适：《先秦名学史》，安徽教育出版社，2006，第1页。

局限于伦理与政治哲学的问题之中。因此，在近代中国哲学的这两个伟大时期中，都没有对科学的发展做出任何贡献。可能还有许多其他原因足以说明中国之所以缺乏科学研究，但可以毫不夸张地说，哲学方法的性质是其中最重要的原因之一。"[1] 那么我们是否可以从中国文化中找出科学的方法呢？胡适认为："中国哲学的未来，似乎大有赖于那些伟大的哲学学派的恢复……就我自己来说，我认为非儒学派的恢复是绝对需要的，因为在这些学派中可望找到移植西方哲学和科学最佳成果的合适土壤。关于方法论问题，尤其是如此。"[2] 经过胡适对中国古代思想的探究，他发现墨家思想中的方法影响了中国以后的哲学。"墨家名学的方法，不但可为论辩之用，实有科学的精神，可算得'科学的方法'。试看《墨辩》所记各种科学的议论，可以想见这种科学的方法应用。……总而言之，古代哲学的方法论，莫如墨家的完密，墨子的实用主义和三表法，已是极重要的方法论。后来的墨者论'辩'的各法，比墨子更为精密，更为完全。从此以后，无论哪一派的哲学，都受这种方法论的影响。"[3]

在写《先秦名学史》时，胡适感到最重要而又困难的任务是关于哲学体系的解释、建立或重建。"在这一点上，我比过去的校勘者和训释者较为幸运，因为我从欧洲哲学史的研究中得到了许多有益的启示。只有那些在比较研究中（例如在比较语言学中）有类似经

---

[1] 胡适：《先秦名学史》，安徽教育出版社，2006，第5-6页。
[2] 胡适：《先秦名学史》，安徽教育出版社，2006，第8页。
[3] 胡适：《中国哲学史大纲》，东方出版社，2003，第173页。

验的人，才能真正领会西方哲学在帮助我解释中国古代思想体系时的价值。"①胡适在《中国哲学史大纲》中说明了运用比较方法的目的："我所用的比较参证的材料，便是西洋的哲学。……须知东西的学术思想的互相印证，互相发明，……故本书的主张，但以为我们若想贯通整理中国哲学史的史料，不可不借用别系的哲学，做一种解释演述的工具。"②他还说："更重要的还是我希望因这种比较的研究可以使中国的哲学研究者能够按照更现代的和更完全的发展成果批判那些前导的理论和方法，并了解古代的中国人为什么没有因而获得现代人所获得的伟大成果。……进一步说，我希望这样一种比较的研究，可以使中国避免因不经批判地输入欧洲哲学而带来的许多重大错误。"③

《先秦名学史》由导论、正文和结束语三部分构成。导论讲的是逻辑与哲学的关系。正文第一编：历史背景。第二编：孔子的逻辑。第三编：墨翟及其学派的逻辑。第四编：进化和逻辑。最后是结束语。胡适认为墨翟的逻辑方法是从特殊经验归纳出普遍法则，孔子的逻辑方法是从普遍原则推出特殊的结论，指出《墨经》论式不是三段论而是类推二段论，又认为惠施、公孙龙的逻辑方法"本质上是科学分类的方法"。胡适首先对当时的政治、社会、文化情况作了概述，他认为这些对于中国古代逻辑的产生是非常重要的。他在论述先秦逻辑的发展历史时，提出中国的古代逻辑史开始于孔子，但

---

① 胡适：《先秦名学史》，安徽教育出版社，2006，前言第2页。
② 胡适：《中国哲学史大纲》，东方出版社，2003，第21页。
③ 胡适：《先秦名学史》，安徽教育出版社，2006，第9页。

孔子以前有一个"诡辩家"酝酿时期,它包括少正卯、邓析、老子等。在老子那里,已经有了逻辑的萌芽,其主要表现为认可名的作用,多少有了残缺不全的知识理论。这个"诡辩家"酝酿时期,对系统逻辑的研究起了促进作用。胡适认为"名"的被讨论意味着诡辩时代正演变为逻辑时代,这个时代的代表人物有孔子、墨子、惠施、公孙龙等。① 胡适认为《墨辩·小取》"是一篇关于逻辑的完整的论文"。它讲了逻辑的一般性质和作用,并给效、辟、侔、援、推五种推论的方法下了定义。他指出效是"别墨用以代表演绎法的名辞","意思就是效法",但其演绎法绝不是什么三段论式。辟、侔、援可归为类比推理②,推是归纳法。

胡适与章士钊在研究中国逻辑思想时无论在研究方法、研究内容和学术背景上既有相同之处,也有不同之处。

相同之处包括以下三个方面:

第一,胡适认为中国哲学的发展是受科学方法的限制的,而这个科学方法就是逻辑。哲学是一切科学的基础,因此逻辑是所有学术得以发展的基础之基础。因此,在对逻辑的认识上,他和章士钊的观点基本上是一致的。

第二,胡适在美国哥伦比亚大学师从杜威学习哲学,杜威是实用主义的集大成者,他的思想对胡适的影响非常大,"大胆假设,小心求证"是胡适从始至终坚持的原则。胡适的《先秦名学史》是他的博士论文,可见他在博士期间所学的方向应该与逻辑学有关,接

---

① 周云之:《中国逻辑史》,山西教育出版社,2004,第423-424页。
② 胡适:《先秦名学史》,安徽教育出版社,2006年,前言第1-2页。

受过西方逻辑的系统训练。这与章士钊的教育经历相似。

第三，胡适和章士钊在研究中国逻辑思想时都运用了中西比较的研究方法。逻辑这门学问是自古希腊以来西方成系统、成体系的，发展完备而且成熟，但是中国自古以来没有逻辑这个学科，只是散见于传统思想的一些角落，因此要梳理和总结中国的逻辑内容就不得不借助西方关于逻辑的架构和定义。

不同之处包括以下四个方面：

第一，胡适注意到任何一种学术都不是凭空产生的，都是与当时的社会文化背景相联系的。他说："介绍一下流行于这个引人注目的哲学丰产时代初期的政治、社会、文化的情况是合适的；我认为，它们对于中国古代逻辑的产生也是同样重要的。"[1] 这与崔清田先生提出的历史分析和文化诠释的方法有着异曲同工之处，而章士钊并没有提出和运用这种方法。

第二，胡适认真探究了《易经》中的逻辑思想，他认为"意象"和辞的理论是其中最重要的逻辑理论。"'意象'是古代圣人设想并且试图用各种活动、器物和制度来表现的理想的形式。这样看来，可以说意象产生了人类所有的事业、发明和制度。"[2] "在字义上辞是对某事物的判断和断定。"[3] "它们要成为行为的准则。它们非常类似所谓'实用判断'：断定要做什么。"[4] 章士钊在《易

---

[1] 胡适：《先秦名学史》，安徽教育出版社，2006，第13页。
[2] 胡适：《先秦名学史》，安徽教育出版社，2006，第49页。
[3] 胡适：《先秦名学史》，安徽教育出版社，2006，第55页。
[4] 胡适：《先秦名学史》，安徽教育出版社，2006，第57页。

学——答梁家义》和《读梁——答钱基博》二文中均讲到对易学没有研究，所以他的《逻辑指要》中并没有涉及《易经》中的逻辑思想。

第三，胡适在写《先秦名学史》时坚持了一个原则，就是"如无充分的理由，就不承认某一著作，也不引用某一已被认可的著作中的段落"。他认为只有《诗经》可以全部接受，其他真实性可以的著作都不采用。关于年代问题，他只采用了没有疑问的一个年代——孔子的年代。章士钊的《逻辑指要》中不仅囊括了中国从古到今的经典著作、名人名家，而且还对国外著名人物的思想和著作从逻辑的角度加以评论运用，可以说是一部真正的"中国逻辑思想史"。

第四，胡适基本上是按照历史顺序和著作的先后年代来研究先秦诸子中的逻辑思想，所遵循的定义与西方逻辑著作所做的界定存在一定的差异，也许在西方人眼中胡适所介绍的内容更多是中国哲学思想。章士钊是按照西方逻辑教材的基本架构来写《逻辑指要》的，把中国传统思想中对应的思想填充进去。如果说胡适侧重于求异，那么章士钊侧重于求同。

第三节 与郭湛波《先秦辩学史》的比较

郭湛波（1905—1990），原名郭海清，字湛波，河北大名人，著名思想史家。肄业于北京大学哲学系，1932年毕业后先入邢台的省第四师范任训育员，后回到家乡大名县的省第七师范（以下简称"七师"）任训育主任。抗日战争后郭海清被派至北平接收国立各大学，任临时大学训导长，后转赴南京。1948年国民党"行宪"，郭海清当选为第一届"国民大会"代表，在立法院担任经济、外交委员会秘书，秘书处简任编审等职，直到退休。郭湛波的主要著作有《辩证法研究》《论理学十六讲》《近五十年中国思想史》《近五十年中国思想史补编》《中国中古思想史》《先秦辩学史》等。

《先秦辩学史》1932年由中华书局出版。该书共分七篇，分别为形名学的起源、邓析、惠施、公孙龙、公孙龙时代的"辩者"及其学说、墨辩、荀子。

郭湛波在自序中指出，哲学思想有三支：印度、西洋、中国。各支的哲学思想有各支的哲学方法，印度的哲学方法是因明，西洋的是逻辑，中国的是辩学。中国的哲学方法古代至秦是辩学，汉至明末是因明，明末至现在是逻辑。因明和逻辑都是舶来品，中国的方法专指辩学。郭湛波认为中国的辩学不是起于孔子、老子，而是起于邓析，孔子的"正名"和老子的"无名"都不是辩学，孔子"正名"是伦理学的。关于中国论理学没有固定的名词，可以用名学、形名学、辩学等词。郭湛波认为名学太宽泛，形名学太生涩，辩学比较恰当。[①] 汉代所谓的"名家"，包括形名和正名，其实正名是封建社会的产物，是讲道德的；形名学是商业资本社会的产物，是讲知识的，根本不能混为一谈。[②]

---

① 郭湛波：《先秦辩学史·自序》，中华书局，1932，第1-5页。
② 郭湛波：《先秦辩学史》，中华书局，1932，第3-4页。

郭湛波认为形名学起源于郑国，而始于邓析，盛于三晋——韩、赵、魏。之所以在郑国，而不在齐、鲁、秦、楚，这完全是客观物质条件所决定的，在此，他运用历史分析的方法来探究这一缘由。他在谈及邓析、惠施、公孙龙的逻辑思想时，都先交代了当时的时代背景。他说："我们知道思想是物质的反映，有某种物质条件，社会环境，就能产生某种思想学说；所以我们要研究邓析的思想学说，必先考察他那时代的社会环境和物质基础——郑国。"①

《庄子·天下篇》说："大同而与小同异，此之谓'小同异'。万物毕同毕异，此之谓'大同异'。"②"同异"学说是惠施的历物十事之一。郭湛波认为"同异"说是讨论"大同异"和"小同异"的问题，这是逻辑学的根本问题。他认为"大同异"是辩证逻辑的思维，是不承认有什么同异。"小同异"是形式逻辑思维，是承认有同异，是说"大同而与小同异"，说"同而又异，异而又同"。在这里，郭湛波用了中西比较方法，他指出西方逻辑的演绎法和印度因明的三支作法都是"大同"原则的应用，培根的归纳法是"小同"的应用。③

《墨经·小取》中的"以名举实，以辞抒意，以说出故"是演绎的方法，"以类取，以类予"是归纳的方法。④"以名举实"是逻辑学所讲的概念；"以辞抒意"是逻辑学所讲的判断；"以说出故"

---

① 郭湛波：《先秦辩学史》，中华书局，1932，第15页。
② 郭湛波：《先秦辩学史》，中华书局，1932，第69页。
③ 郭湛波：《先秦辩学史》，中华书局，1932，第72-75页，第99-100页。
④ 郭湛波：《先秦辩学史》，中华书局，1932，第224页。

就是逻辑学上的演绎推理。墨辩的推理方式与因明三支作法相同。①或是特称命题；假是假言命题；效，"效也者，为之法也"，法是法则，照着法则去做就是效，与法则不相合的就是不中效；辟的用处在于所以使人知之，辟用于概念；侔是使人知的方法，它用于判断；援用于推理。

郭湛波的《先秦辩学史》明确肯定了惠施、公孙龙、《墨辩》和荀子等在中国逻辑史上的历史地位和贡献，提出了不少独到的见解，至今仍不失一本全面系统研究先秦辩学较有成就的中国逻辑史专著。②

郭湛波和章士钊的共同之处在于：

第一，他们都运用了比较的方法来研究中国逻辑思想，而且都把印度的三支论式、西方逻辑的三段论和中国传统思想中属于演绎逻辑的部分进行了比照。他们都认识到"逻辑之名，起于欧洲，而逻辑之实，存乎天壤"。

第二，他们都对西方逻辑有一定的理解和认识，尤其是章士钊，在英国阿伯丁大学专门学习西方逻辑。在他们的著作中都善于用文恩图来说明逻辑问题。他们对近代逻辑思想也有了解，比如他们都谈到了耶方斯。

他们之间还存在一些不同之处，主要表现在以下两个方面：

第一，郭湛波认为中国古代至秦是辩学，辩学就是中国逻辑，

---

① 郭湛波：《先秦辩学史》，中华书局，1932，第 226-227 页。
② 周云之：《中国逻辑史》，山西教育出版社，2004，第 429 页。

汉至明末的因明和明末至现在的逻辑都是舶来品，不是中国本土的逻辑。而且辩学是有地域划分的，它起源于郑，盛行于韩、赵、魏。他指出孔子和老子的思想是名学，但名学不属于中国逻辑的范畴，后人把这两者掺杂在一起了。而章士钊则认为从古至今中国传统文化中到处可见逻辑的火花和思想，名学也属于中国逻辑思想的一部分，同时中国逻辑思想并没有中断，而是一直延续至今，所以它是一部通史，而不是一部断代史。

第二，郭湛波考证了几个中国逻辑思想的名称，认为辩学最能体现中国的特色；而章士钊曾经撰文数篇来说明"Logic"一词义译最为恰当，其他几种提法都有一些欠缺之处。

第四节 与虞愚《中国名学》的比较

虞愚（1909—1989），字竹园，一字佛心，号德元。原籍浙江省绍兴地区山阴县，清宣统元年（1909）夏历八月十五日，出生于福建省厦门市。虞愚幼年在厦门就读，初入厦门敦品小学，毕业后继入厦门同文中学。他在校期间，因读章太炎、梁启超等人的佛学著作，深受感动，向往研究佛学。1924年，入武昌佛学院，从学于太虚大师。与大醒、芝峰等人为同学。1928年他入南京支那内学院，从著名佛学大师欧阳竟无研习唯识因明之学。1929年转入厦门大学，专究哲学，时曾至闽南佛学院研读，并从吕澂学因明。1934年毕业于厦门大学教育学院心理学系，即留校任理则学助教。1935

年，赴南京任监察院编审。日寇侵华，厦门沦陷后，他辗转入渝，继续在监察院任职。1941年后任贵州大学理则学（逻辑学的旧译）讲师、副教授。1943年后任厦门大学哲学系副教授、教授。1956年虞愚被调到北京撰述斯里兰卡《佛教百科全书》中有关中国古代专著条目，同时兼任中国佛学院教授。1976年后任《中国佛教》编委会编辑。1979年虞愚受聘任中国社会科学文学研究所兼职研究员。1982年，被调到中国社会科学院哲学研究所任研究员。1989年7月28日，他在厦门病逝，享年80岁。他的主要著作有《因明学》《中国名学》《印度逻辑》《怎样识别真伪》等，论文有《玄奘对因明的贡献》《因明在中国的传播和发展》《法称在印度逻辑史上的贡献》等。

虞愚的《中国名学》于1937年由正中书局出版，为《民国丛书》哲学·宗教类的一部分，1947年再版，1959年和1970年台湾正中书局出版影印本。虞愚指出，论理学为立定思考之形式及法则，研究各科学的工具。该书分为绪论和本论两部分：绪论主要讲述了名的起源、意义和功用，本论对无名、正名、立名、形名各派的历史沿革和今后研究中国名学的态度做了论述。无名学派由老子创立，杨朱庄周加以发扬。该学派主要有"废名"和"齐物"两个主张。正名学派始于孔子，之后荀子继续完善，后法家用正名之义施于法政。该学派思想有制名之术、格致方法、求诚方法，其中最重要的为格致方法。立名学派肇始于墨子，墨子论知识之本质有四种程序①，然后论述了辩之界说、辩之功用及其根本法则、归纳法之讨论、方法论、推论谬误之防御。虞愚重点分析了《墨经》中的逻辑思想，因为他认为《墨经》是"中国最纯粹之名学资料"。②形名学派属于别墨，由于惠施、公孙龙研究的多是形名，所以别墨也是形名家。它的学说主要有惠施的历物十事和公孙龙的指物论。

虞愚认为墨家的"以名举实"（概念）、"以辞抒意"（判断）、"以说出故"（推理）和荀子的"大别""小别"都是演绎逻辑的范围，墨家的"以类取""以类予"和荀子的"大共""小共"属于归纳逻辑的范围。在论及名学派别时，虞愚指出无名学派以老子开端，庄子发展，主张废名和齐物，正名学派以孔子创其端，荀子详制名之术，主张制名、格致、求诚，称为正名主义，立名学派起自墨子，完成于《墨辩》六篇，提出了"辩"的定义、功用、法则、推理性质和具体论式，并将辩式和三段论、因明的三支论式做了比较。虞愚对墨家的归纳法也很重视，形名学派即别墨或名家。

虞愚的《中国名学》对中国古典逻辑论及面较广，对庄子的无辩说、孔子的正名说、荀子的名学体系以及墨辩逻辑的特点四种逻辑之比较研究均提出了独到的见解，是一本具有重要特色的中国逻辑史专著。但虞愚得出的结论是中国无名学家和中国名学远不及西方逻辑和因明逻辑。这个结论无疑是值得讨论的。③

虞愚和章士钊在研究中有以下相同之处：

---

① 虞愚：《中国名学》，正中书局，1937，第64页。
② 虞愚：《中国名学》，正中书局，1937，第120页。
③ 周云之：《中国逻辑史》，山西教育出版社，2004，第431页。

第三章　章士钊中国逻辑思想研究的比较分析

第一，虞愚肯定了名学在学术研究中的基础地位，他说"欲知中国古代学术何以不同希印二土，须先究中国名学所以不同希印二土。盖有不同之名学，然后产生不同之学术也"。① 章士钊认为逻辑是"科学之科学""科律之学"，他说："满屋散钱，寻不着串子"，而逻辑就是这"串子"。可见他们对逻辑的认识是一致的。

第二，他们都对西方逻辑、印度因明和中国名学或者说中国逻辑进行了比较，指出了它们之间的相同之处和不同之处。虞愚指出："若以墨子之辩律则较西洋逻辑三段论法少一段，较印度因明七支少四支。"② 关于归纳法，虞愚认为墨子早已提出："推也者，以其不取之同于其所取者，予之也。是犹谓他者同也，吾岂谓他者异也。夫物有以同而不，率遂同。"

他们之间还有以下不同之处：

第一，虞愚指出："诸子中有关名学之理论如《大学》《中庸》《论语》、老子《道德经》、庄子《齐物论》、孙卿《正名篇》、惠施《历物十事》、公孙龙子《名实论》等，墨翟《辩经》外，全无有一系统之名学书籍，且自汉武罢斥百家之后，此义成绝响矣。"③ 至唐玄宗自印度求取佛经回国，因明的出现才使中国"完密之论理学"。这里虞愚对中国名学给出了历史时间的界定，而章士钊却认为中国逻辑在中国的历史中一直延续。

第二，虞愚在写《中国名学》时认为以家数分者，如儒家、墨

---

① 虞愚：《中国名学》，正中书局，1937，第121页。
② 虞愚：《中国名学》，正中书局，1937，第83-85页。
③ 虞愚：《中国名学》，正中书局，1937，第12页。

家、名家、法家等，或者以个人分述都有缺点，而以学说之异同分别之标准较为恰当合适，年代不同，但宗旨相同也可相提并论，于是他分为四派分别论述之。① 章士钊则是按照西方逻辑教材的架构来分析中国传统思想中的逻辑内容与西方逻辑的对应关系。

第三，虞愚在《中国名学》的最后一章比较了印度因明、西方逻辑和中国名学在整体的异同，他认为中国名学更侧重人事之问题；西方逻辑和印度因明所讨论问题一般都在一定的范围之内，而中国名学由于家数众多，立场也不同，因此范围各异；汉武帝推行"罢黜百家，独尊儒术"之后，儒家学术占据统治地位，导致学术争鸣归于沉寂，中国名学从此毫无进展，传统思想的束缚是其最大的因素；真理越辩越明，希腊和印度都有此风气，因此逻辑和因明越发达，中国没有抗辩之风尚也导致名学的萎缩。② 章士钊在《逻辑指要》中没有对这方面问题进行探讨。

除了以上论及的几个人物和著作，这一时期研究中国逻辑的还有刘师培的《荀子名学发微》、张岱年的《中国哲学大纲》、陈启天的《中国古代名学论略》，他们的研究或以专题，或以写作大纲的形式呈现出来，并未充分地展开论述。

---

① 虞愚：《中国名学》，正中书局，1937，第14页。
② 虞愚：《中国名学》，正中书局，1937，第121-125页。

第五节 《逻辑指要》在当时的影响

这一时期，研究中国逻辑思想的著作开始出现并逐渐受到国人的重视，以上所列举的基本上代表了该时间段的研究成果，但是章士钊所写的《逻辑指要》与这些著述存在着一些不同之处。

章士钊是反对白话文的，因此《逻辑指要》是用文言文的形式写作的，虞愚的《中国名学》和刘师培的《荀子名学发微》也是文言文的形式；而梁启超和胡适等人提倡白话文，所以他们的逻辑著作都是采用白话文的方式，这样有利于逻辑思想被更多的人了解和接受。高承元在给《逻辑指要》作的序中也指出章士钊的这一缺点："本篇以古文体写之，国人能读者几何？承元讲学南北十有余年，见学生之能通古文者，十不一二。苟大学生尚不能读此书，而冀其能普及于社会，岂非俟河之清哉！"[①]

在写作方式上，章士钊是按照西方逻辑学教材概念、判断、推理的顺序推进的，而其他人的著作一般是按照历史时间的顺序或者某一学术派别的思想加以叙述的，比如胡适的《先秦名学史》、郭湛波的《先秦辩学史》是按照历史顺序来叙述的，梁启超的逻辑研究主要是研究《墨经》的，虞愚的《中国名学》讲了中国名学的四个派别。

---

① 章士钊：《章士钊全集》第7卷，文汇出版社，2000，第291页。

在研究范围上，章士钊的《逻辑指要》时间跨度从先秦一直到他所处的那个时代，古今中外的名人思想中涉及的逻辑思想都有所提及，是中西逻辑思想对比史上尤其宝贵的资料。而其他人的逻辑研究主要集中在先秦时期，比如梁启超的《墨子之论理学》和《墨子学案》、胡适的《先秦名学史》、郭湛波的《先秦辩学史》、虞愚的《中国名学》、刘师培的《荀子名学发微》、张岱年的《中国哲学大纲》、陈启天的《中国古代名学论略》。

张君劢在给《逻辑指要》所做的序中高度评价了章士钊："行严先生今兹《逻辑指要》之作，章节次第虽同于西方逻辑，而所征引为中土学者关于逻辑学之言论：一以辨中土逻辑说之非，二以明中土旧逻辑学西方学说之相合。故此书不仅寻常逻辑读本，而中土旧逻辑史料，实具于其中。"他还将章士钊的这本著作等同于穆勒之人的著作。"在英伦有如穆勒·约翰之逻辑统系……则如此书者，岂不应珍重爱惜，而视之与穆勒辈之著作等乎。"[①]

谢幼伟在《评章著逻辑指要——兼论演绎与归纳》中认为，章士钊对演绎与归纳二者之特征及其区别，未加以评说。他还提出了《逻辑指要》中的四点疑问。最后，谢幼伟评价章士钊的《逻辑指要》全部精华集中于我国逻辑理论之阐明，即于逻辑本身之解说有可议处，似不足为章著全书之病。作者认为章氏是书实中国今日学术上极有价值之著作，不惟治逻辑者所当读，即治其他科学，其他中国文学者，尤不可不读也。[②]

[①] 章士钊：《章士钊全集》第7卷，文汇出版社，2000，第287页。
[②] 谢幼伟：《评章著逻辑指要——兼论演绎与归纳》，《思想与时代》1943年第26期。

第三章 章士钊中国逻辑思想研究的比较分析

方豪在《读〈逻辑指要〉别记》指出:"军兴以还,学术巨著,颇不多见,章行严氏,则其一也。"他也对书中考证以及音译定名等问题提出了一些批评。①

张申府在评逻辑新书时认为章士钊的《逻辑指要》"印本虽太欠精,文字固古色古香,读来其味无穷,使人不禁问其精华否。其实与论理古例,同以古典之学自限,但同属融贯中西,同罗其不少史料,同可为讲习参稽之实"。他也对章士钊的译名一事提出异议,认为有些已为通称,不必再费周折改名。②

永墨在《妇女月刊》发表了《章士钊〈逻辑指要〉(书评)》一文,认为他的这本书是二十余年前的作品,最近出版却没有什么改变,还是二十余年前的作品,它所具有的价值只是时代价值。"这本书可以使我们知道逻辑这门学问在我国是如何发育滋长的;并且使我们知道在欧洲那地方,在二十余年的时间,各系统的学问,它们初到中国来,被中途学者如何的款待。最好,对逻辑这门学问已经有了基础知识的人,再来看这本《逻辑指要》。章先生的诗词中似乎说理处太多,而逻辑又嫌太华丽,章先生实在是一位散文大家!"永墨暗指这本书对我们了解当时逻辑学的发展有益处,而章士钊在书中辞藻过于华丽,不太像一本学术著作。③

周云之、刘培育认为该书最大的特点是运用中国古代的逻辑思想和逻辑实例去说明普通逻辑中的每一个基本思想和理论。虽然

---

① 方豪:《读〈逻辑指要〉别记》,《东方杂志》1943年第39卷第13号。
② 张申府:《逻辑新书》,《图书季刊》1943年第4卷第3-4期合刊,76-77页。
③ 永墨:《章士钊〈逻辑指要〉(书评)》,《妇女月刊》1943年第3卷第3期。

章士钊在具体论证和分析中存在着不完全正确和恰当的地方，但他坚持"融贯中西"的做法不仅证明了西方的许多逻辑理论在中国早有所记载，而且他在运用西方逻辑理论以研究和总结中国逻辑思想的成果上也做了有益的开创工作。章士钊的《逻辑指要》一书确实具有"融贯中西、特树一帜"的特点，它既承认西方逻辑在基本理论和体系上是科学的，又肯定了中国古代在逻辑思想上的重要成果，论证了逻辑思维的全人类性质，因而也必然为"吾国所固有"。所以说它是一本以西道中、以中论西、别开生面的逻辑学专著。[1]

---

[1] 周云之、刘培育：《中国历史上的逻辑家》，人民出版社，1982，第186-187页。

第四章

章士钊逻辑思想的总结

第一节 章士钊的逻辑观

一般而言,逻辑观即对逻辑这门学科知识的总体看法或基本观点。虽然2004年出版的《逻辑学大辞典》并没有提供可供借鉴的定义,但是近年来发表的有关逻辑观的文章却有70余篇,关于逻辑观的讨论比较多,也略有分歧,学界也已开始关注个人或学派的逻辑观问题,只是还没有学者系统探讨章士钊的逻辑观,而章士钊在近代逻辑研究中的地位颇有影响,我们有必要对他的逻辑观进行系统研究,以深入研究其逻辑思想。

在王习胜和张建军著《逻辑的社会功能》[①]一书中,将逻辑的基本用法分为四类,其一是规律,例如自然规律、社会规律等;其二是逻辑法则,我们说"思维要合乎逻辑",亦即思维要遵守逻辑规律与逻辑法则,譬如逻辑学中所说的同一律、矛盾律、排中律和充

---

① 王习胜、张建军:《逻辑的社会功能》,北京大学出版社,2010。

足理由律等基本规律；其三是认识问题的方法；其四是"逻辑学"这门学问。在逻辑学的基本问题如逻辑的含义和研究对象问题上，章士钊指出，逻辑学是研究正确思维的科学，它不仅研究思维形式，还研究思维方法；不仅包括演绎，还包括归纳。

一、关于"逻辑"的内涵

章士钊指出，"逻辑何为而作也？曰，为人有思不思而作也"，"逻辑者所以求知也，而求知自明无知始；逻辑者，信信也，而信信自疑疑始。明无知而疑疑，自思始。故逻辑者，正思之学也，或曰思思之学。思思云者，即凡所有思想，立为种种法式，推校焉，参互焉，以期所得信焉为最正确者而归依焉也"。[①] 简言之，逻辑是一门求知的学问，是一门思考的学问，是一门追求正确思维的学问。因此，可以说逻辑学是一门研究正确思维的科学，它的法式为程序，通过推理得到正确的结论。这一观点实际上指出了逻辑学的研究对象，亦即逻辑学研究思维的正确与否，逻辑的作用就是教给人们正确思维的方法。

章士钊指出，逻辑的功能在于"有案求断，有证勘实，一若听讼者所为已耳"[②]，这与穆勒的观点有相似之处。穆勒说："逻辑不与人以证，而能教人何物之足证，与如何以决其证之是非；不言某事之证为某，而言以何因缘，此可证彼。"[③] 在这一点上，章士钊对

[①] 章士钊：《章士钊全集》第7卷，文汇出版社，2000，第303页。
[②] 章士钊：《章士钊全集》第7卷，文汇出版社，2000，第304页。
[③] 章士钊：《章士钊全集》第7卷，文汇出版社，2000，第304页。

"正"进行了分析,他认为逻辑是研究正确思维的科学,何谓"正"?章士钊指出:"思想有一定程序,离于事物而立,而又律之事物无违。达此鹄的,斯谓之正。上来所述,思之所由得正,名实之所由得合,非苟焉而已也,有法式在……法式一致而不变,事物可得纳于其下者周流而无穷,以不变御周流,以一致御无穷,是为逻辑。"[1] 即逻辑研究正确思维必然要考虑如何研究,所以章士钊认为逻辑是一种方法之学,前面所强调的法式也就是方法。"凡所有思想,立为种种法式,推校焉,参互焉,以期所得信为最正确者而归依焉也。"[2] 概言之,"依据法式,综律名实,以正其思"[3]。从章士钊的论述中可以看到,正确的思维离不开一定的逻辑规律和逻辑方法,从而借此最终使思想与实际相符合。这一理解与前文关于"逻辑"的第二、三类用法的解释相一致,明确了逻辑是研究思维及其一般规律的学问。

章士钊认为,逻辑的研究对象除了形式之外,还有方法。在研究事物的过程中,要想得到正确的结论,发现真理,离不开正确的方法。他在谈论"正"时指出:"正者何谓也?曰,凡基于性契而相为一致也。此其一致有二:一、思想之本身一致;二、思想与自然一致……学者或于此剖为两部:一曰规范之学,一曰秩序之学。易而言之,一曰形式之理,一曰方法之用。"[4] 但是,"逻辑原始要

---

[1] 章士钊:《章士钊全集》第7卷,文汇出版社,2000,第304页。
[2] 章士钊:《章士钊全集》第7卷,文汇出版社,2000,第303页。
[3] 章士钊:《章士钊全集》第7卷,文汇出版社,2000,第304页。
[4] 章士钊:《章士钊全集》第7卷,文汇出版社,2000,第307页。

终，整然一体"①，即形式与方法是统一的，"Methodology，即从形式应用于各学科之方法"②。由此可见，章士钊认为逻辑不仅研究思维形式还研究思维方法。

"世或以为逻辑非吾所有，此言其名，而非言其义，此言其条理，而非言其大意。西方求逻辑之界说者，聚讼迄今，未尝同意。然其争论之范围，孰有逾吾《中庸》博学、审问、慎思、明辨、笃行十字者。故以此十字话逻辑，亦谁能认为不当。"③"逻辑一字，可以脱离科学，随处应用。如彼亦一是非，此亦一是非，可易言曰，彼亦一逻辑，此亦一逻辑……此固不独逻辑为然，凡在诸学，罔不如是。"④"伦理学为逻辑之学，心理学亦为逻辑之学。""盖逻辑者，诸学之学也。号称科学，皆莫不以逻辑为之体，以是科所及者为之用。故动物学谓之鉴尔逻辑（Zoology，动物学的音译，类似于动物学逻辑——作者注），矿物学谓之齐耀逻辑（Geology，地质学的音译——作者注），此正确切之谓，而议其浮泛乎？"⑤"盖论此题有最须留意者，则学为一事，名为一事，倍根斥亚里斯多德之逻辑为无裨于人知，乃斥其学，非斥其名。名者非亚里斯多德之所能独擅，而彼亦决无意独擅之，则不用其学而用其名何害？亦即名同而学异矣……"⑥

---

① 章士钊：《章士钊全集》第7卷，文汇出版社，2000，第307页。
② 章士钊：《章士钊全集》第7卷，文汇出版社，2000，第307页。
③ 章士钊：《章士钊全集》第2卷，文汇出版社，2000，第210-211页。
④ 章士钊：《章士钊全集》第3卷，文汇出版社，2000，第457页。
⑤ 章士钊：《章士钊全集》第3卷，文汇出版社，2000，第79-80页。
⑥ 章士钊：《章士钊全集》第3卷，文汇出版社，2000，第79页。

从这些关于"逻辑"的论述中可以看到，在章士钊的逻辑思想中，对逻辑中的思维规律、方法与具体科学中的规律有混淆之嫌，对逻辑的理解过于宽泛，没有认识到逻辑学的工具性及逻辑规律和法则与具体科学规律的关系。这使得章士钊对逻辑的理解存在模糊甚至矛盾的解释。

二、"逻辑"的外延

章士钊认为逻辑不仅包括演绎，而且也包括归纳。在《逻辑指要·自序》中，章士钊指出："欧洲逻辑外籀部分，自亚理士多德以至十七世纪，沉滞不进；内籀则雅理诸贤，未或道及。自倍根（培根）着《新工具》，此一部分，始渐开发，逻辑以有今日之仪容。若吾之周秦名理，以墨辩言，即是内外双举，从不执一以遗二。"[①]从这里可以看出，在章士钊的逻辑观里，逻辑不仅包括演绎，还包括归纳。在给"逻辑"下定义时，章士钊指出，"逻辑"乃正思之学或思思之学。培根认为，"逻辑者科学之科学"[②]。穆勒认为，"逻辑不与人以证，而能教人何物之足证，与如何以决其证之是非；不言某事之证为某，而言以何因缘，此可证彼"[③]。耶方斯认为，"法式一致而不变，事物可得纳于其下者周流而无穷，以不变御周流，以一致御无穷"[④]，是为逻辑。他综合了培根、穆勒及耶方斯的观

---

① 章士钊：《章士钊全集》第7卷，文汇出版社，2000，第293页。
② 章士钊：《章士钊全集》第7卷，文汇出版社，2000，第303页。
③ 章士钊：《章士钊全集》第7卷，文汇出版社，2000，第304页。
④ 章士钊：《章士钊全集》第7卷，文汇出版社，2000，第304页。

点，指出"逻辑者依据法式综核名实以正其思之学"①。而培根、穆勒及耶方斯都是非常重视归纳逻辑的，甚至是归纳逻辑主义的代表。

而今逻辑界有大、小逻辑观之争，小逻辑观认为只有演绎逻辑才是真正的逻辑，又被称为狭义逻辑观，以王路为代表，他从结论的有效性出发，把决定"逻辑之为逻辑"的核心称为"内在机制"，并指出这一"内在机制"就是"必然地得出"②；而大逻辑观认为逻辑是研究思维形式和规律的，又被称为广义逻辑观，以马佩为代表，认为"归纳逻辑是逻辑，同样，辩证逻辑（辩证逻辑研究辩证思维形式及其规律）也是逻辑"③。显然，章士钊持有大逻辑观，是广义的逻辑观。

三、逻辑的性质

章士钊认为逻辑具有工具性和全人类性，能够促进学术和科学的发展。"本学之所以称逻辑者，以如倍根言，是学为一切法之法，一切学之学，明其为体之尊，为用之广，则变逻各斯为逻辑以名之。"④ 章士钊引用《穆勒名学》中的一句话来阐明自己的观点，他认为"逻辑者，诸学之学也"⑤，即逻辑是一切学问的基础。至于逻辑的作用，正如张君劢在给《逻辑指要》作的序中所说："逻辑之

---

① 章士钊：《章士钊全集》第7卷，文汇出版社，2000，第304页。
② 王路：《逻辑的观念》，商务印书馆，2000，第186页。
③ 马佩：《要提倡大逻辑观，反对狭隘的小逻辑观——评王路先生的〈逻辑的观念〉》，《河南大学学报》（社会科学版）2001年第1期，第81-86页。
④ 章士钊：《章士钊全集》第7卷，文汇出版社，2000，第299页。
⑤ 章士钊：《章士钊全集》第7卷，文汇出版社，2000，第539页。

为学,与一国学术之盛衰相表里。有之则一切学术以兴,无之则一切学术不得发展。昔希腊学术之盛也,有亚理士多德之形式逻辑学。文艺复兴之发端也,有倍根(培根)氏之内籀逻辑学。"①

章士钊极力主张逻辑的全人类性,他指出"逻辑之名起于欧洲,逻辑之理,存乎天壤"②。在中西逻辑比较研究的基础上,他"以欧洲逻辑为经,本邦名理为纬",中西逻辑密切结合,建立起"密密比排,蔚成一学"③的逻辑科学体系。

四、中国名辩学、西方传统逻辑及印度因明的关系

章士钊一方面认为中国名辩学、西方传统逻辑和印度因明三者是不同的逻辑传统;另一方面,在实际操作中,他又用中国名辩理论来比较或比附西方逻辑学,同时也与印度因明相比较。

在关于"Logic"一词的译名问题上,章士钊认为三大逻辑思想具有差异性,不能等同。二十世纪初,有关学者所翻译和使用Logic的译名主要有"名学""辩学""论理学""理则学""逻辑"等。章士钊否定了将"Logic"义译为"名学""辩学""论理学"等做法,坚持音译为"逻辑",认为"名学""辩学""论理学"都不能完全等同于"逻辑学"。他指出,"若泛言论理,则天下论理之学,何独逻辑"④,故"论理二字,义既泛浮,词复暧昧,无足道也"⑤。

---

① 章士钊:《章士钊全集》第7卷,文汇出版社,2000,第286页。
② 章士钊:《章士钊全集》第7卷,文汇出版社,2000,第293页。
③ 章士钊:《章士钊全集》第7卷,文汇出版社,2000,第293-294页。
④ 章士钊:《章士钊全集》第7卷,文汇出版社,2000,第296页。
⑤ 章士钊:《章士钊全集》第7卷,文汇出版社,2000,第296页。

换言之,"论理"二字外延太大,与"逻辑"之"依从律令彼此推校"①的特性不符。我国学者主要将"Logic"翻译为"名学"或者"辩学",章士钊则认为都不太恰当。

首先,章士钊认为我国古代名家学派起源于礼官,其思想来自名物象数,而且名家所研究的范围仅在于"名",仅为西方逻辑的一个方面,至多相当于亚里士多德时期的逻辑学,而非培根之后的西方逻辑学。换言之,在章士钊看来,中国古代名学仅等同于西方逻辑中要求概念明晰、准确的部分。还有一部分学者把"Logic"译成"辩",对于这一点,章士钊指出,"(名、辩)二者相衡,愚意辩犹较宜"②。就"名"和"辩"来比较的话,章士钊更倾向于"辩",他认为虽然"辩"字的外延与逻辑不同,但是和"名"字比较起来则更为贴切一些,因为他认为墨辩包含了名学的内容。但与西方逻辑比较时,章士钊则明确指出,"辩虽能范围吾国形名诸家,究之吾形名之实质,于西方逻辑有殊"③,"辩"字亦不能与"Logic"等同。章士钊在《逻辑指要》"定名"一章中对当时学术界对"Logic"的几种主要翻译分别进行了分析解释,并逐一否定,借鉴佛经翻译的经验,如佛经在翻译"涅槃""般若"等字时,"初不造就字义,何等庄严,译书名义之不滥恶正赖此著,是在精通译例者之熟审之耳"④,进而指出,无论哪种科学,很难找到一个中西方完全相符的

---

① 章士钊:《章士钊全集》第7卷,文汇出版社,2000,第296页。
② 章士钊:《章士钊全集》第7卷,文汇出版社,2000,第296页。
③ 章士钊:《章士钊全集》第7卷,文汇出版社,2000,第298页。
④ 章士钊:《章士钊全集》第2卷,文汇出版社,2000,第211页。

名称，而逻辑尤为如此。正如其所言："欲于国文中觅取一二字，与原文意义之范围同其广狭，直不可能。"① 因此，章士钊主张将西方的"Logic"音译为"逻辑"。从对"Logic"的翻译一事可以看到，章士钊已明确地认识到西方逻辑与我国名辩学虽有相似之处，但实质上有一定差别，譬如研究对象和研究范围有所不同。"今以其为同类也，谓彼即此，几何不中于淮南谓狐狸之识。"② 章士钊认为简单笼统地把中国名辩学等同于西方逻辑是不合适的，二者有别。

他虽然多次强调中国有自己的逻辑，中西方的逻辑学犹如"车之两轮，相辅而行"③，并一再强调"逻辑起于欧洲，而理则吾国所固有"④。这就是说，他承认世界上可以有不同类型的逻辑学，中国名辩学虽然理同，但具体形式并不相同。这意味着他的逻辑观是多元的。

然而，从他对中国名辩学的具体比较研究中，我们发现，他的逻辑观是一元的。在中西逻辑比较中，他实际上翻阅了中国逻辑史中的大量资料来比较、比附和解释西方逻辑学，而非把中国名辩学作为一个独立的逻辑体系进行阐述。从表面上看，章士钊认为中国名辩学与西方逻辑有相同的地位，而实际操作上，他却把中国名辩学置于西方逻辑体系之下，用中国名辩学来比附、解释西方逻辑，把中国名辩学置于从属地位，从属于西方逻辑学。从这一点来讲，

---

① 章士钊：《章士钊全集》第7卷，文汇出版社，2000，第570-571页。
② 章士钊：《章士钊全集》第7卷，文汇出版社，2000，第298页。
③ 章士钊：《章士钊全集》第7卷，文汇出版社，2000，第295页。
④ 章士钊：《章士钊全集》第7卷，文汇出版社，2000，第295页。

他的逻辑观又是一元的，因此，章士钊的逻辑观在这一点上是矛盾的。

五、关于对"中国无逻辑论"的反驳

对"中国古代有没有逻辑学"的回答，几乎是整个二十世纪逻辑学界始终争论不休的一个问题。在很长时期内，人们都认为"逻辑"只是西方人的"专利"。日本的大西祝博士就曾指出："泰西论理学之端，渊自希腊，而亚里士多德为之魁。亚洲则为印度古代所构成之因明足以当之。世界人民之与于斯学，盖不能求诸印度，希腊人之外。虽间有之，皆导源于二土之人者。"① 二十世纪初，一部分逻辑学研究者对"中国古代有没有逻辑学"这一问题给出了否定的回答，如"东亚向无论理学，有佛家谓因明者略似之。我国古时所谓名家似是而实非"②"名理之学，我国素不讲求"③ 等。徐宗泽在1931年作的《名理探重刻序》中说："吾国学士，于名理一门，素鲜研究。古虽有邓析、公孙龙等之东鳞西爪，聊供诡辩，持之非有故，言之非成理。"④ 徐宗泽的意思是说，如果说邓析、公孙龙有一些逻辑思想的话，亦是比较零散的，并且流于诡辩，难以形成系统。

近代早期，学术界开始发掘中国古代典籍中的逻辑思想，但此

---

① ［日］大西祝：《论理学》，胡茂如译，上海泰东书局，1914年，绪言。
② 蒋维乔：《论理学讲义》，商务印书馆，1912，第1页。
③ 屠孝实：《名学纲要》，商务印书馆，1925，序。
④ ［葡］傅凡际、李之藻：《名理探》，生活·读书·新知三联书店，1959，第1页。

时学术界对西方逻辑的介绍和我国古代逻辑思想的整理挖掘都还不够，在对逻辑学基本问题的认识上亦有片面性。很多学者习惯于搜索古文古籍中的相关思想，机械地与其所理解的西方逻辑学进行比较、比附甚至是牵强附会，武断地判断出中国古代有或没有逻辑学。这种研究方法在近代逻辑学研究中影响很大，危害亦很大。

此时的章士钊用功甚勤，在《逻辑指要》中以西方逻辑为框架，对中国逻辑史料进行了较为全面系统的总结，不仅从理论上明确指出中国古代存在有逻辑，而且在阐述有关逻辑原理时，几乎处处引述《墨经》以及其他中国古代典籍中的有关内容，以大量的事实有力地批驳了"中国无逻辑论"的观点。

章士钊认为不仅西方有逻辑，东方亦有逻辑。他说："寻逻辑之名，起于欧洲，而逻辑之理，存乎天壤。"[1] 他批驳了"中国无逻辑说"，指出国人未研究逻辑的内在本质，而仅从外在形式上去理解，最终得到错误的认识，正如他所言："其谓人不重逻辑之名，而即未解逻辑之理者，尤妄说也。"[2] 进而，他指出，"逻辑起于欧洲，而理则吾国所固有"，"先秦名学与欧洲逻辑信如车之两轮相辅而行"。[3] 在他看来，"欧洲逻辑言三段，印度因明言三支，吾国逻辑言三物。同一理也"[4]。从章士钊的这些论述可以看到，在章士钊的逻辑观里，中国亦有逻辑。并且其《逻辑指要》中载："有志以欧

---

[1] 章士钊：《章士钊全集》第7卷，文汇出版社，2000，第293页。
[2] 章士钊：《章士钊全集》第7卷，文汇出版社，2000，第293页。
[3] 章士钊：《章士钊全集》第7卷，文汇出版社，2000，第295页。
[4] 章士钊：《章士钊全集》第7卷，文汇出版社，2000，第295页。

洲逻辑为经，本邦逻辑为纬，密密比排，蔚成一学，为此科开一生面。"① 可以说，《逻辑指要》是对中国古代已有逻辑这一观点的有力论证，而且"章节次第虽同于西方逻辑，而所征引为中土学者关于逻辑学之言论：一以辨中土逻辑说之非，二以明中土旧逻辑学西方学说之相合。故此书不仅寻常逻辑读本，而中土旧逻辑史料，实具于其中"②。有力地批驳了"中国无逻辑论"的观点。"章士钊最突出的贡献是，以逻辑内容为指归，对中国名辩思想史料做了比较全面的搜寻和翻检，挖掘了其中的逻辑内容，用力之勤前无古人。他用自己的研究成果批驳'中国无逻辑论'，在历史上留下了旷谷之音。"③

第二节　章士钊研究逻辑的方法及特点

章士钊在其著述《逻辑指要》《章氏墨学》及其他相关文章中，以其独有的叙述方式对中西逻辑思想进行了系统的整理和阐述，对中国古代名辩学进行了深入研究，对中西逻辑体系做了详细的比较，建立了独特的逻辑体系。他在研究中运用了多种方法，其中最主要的方法有两种：考证训诂法、横向比较法。

---

① 章士钊：《章士钊全集》第7卷，文汇出版社，2000，第293页。
② 章士钊：《章士钊全集》第7卷，文汇出版社，2000，第287页。
③ 刘培育：《名辩与逻辑、因明的比较研究——百年回顾与思考》，《逻辑研究文集——中国逻辑学会第六次代表大会暨学术讨论会论文集》，2000年5月，第359-365页。

>>> 第四章　章士钊逻辑思想的总结

一、考证训诂的方法

章士钊为学严谨，经常采用考证训诂的方法对《墨经》中的经条进行考证。他认为，在进行中国传统逻辑思想研究时，必须先对其进行考证训诂，这是做学问的基础。比如在《章氏墨学》中，他对有关逻辑方面的重要经条进行了详细的考证训诂、分析解读，指出了当时学界对一些经条的错误解释。

比如，在《名学他辨》中，章士钊在反驳胡适的观点时，训诂考证了"彼"这一概念。"《经上》云：辩，争彼也。争彼之彼，或谓为彼字之讹，引《论语》子西彼哉，今作彼为证，彼与坡通，《说文》：波，辩论也，与颇同声相假借，故后人写作驳字，今之争驳，即争彼也。窃谓不然。果如所言，以争驳话辩，则与言辩者辩也，又何以异？……"①《大取篇》曰："语经，语经也。白马非马，执驹马说求之。……三物必具，然后足以生。"② "……今白马与马与驹，是为三物，而驹为第三物，执以为说而求之，即所谓彼，或又曰他。"③

又如，在谈论三段论时说，章士钊对连珠进行了考证训诂，进而对严复的观点进行了批驳。他指出，严复把三段论译为连珠。对于连珠的源流，章士钊进行了梳理：

"连珠之作，始自子云。……盖谓辞句连续，互相发明，若珠之

---

① 章士钊：《章士钊全集》第 4 卷，文汇出版社，2000，第 126 页。
② 章士钊：《章士钊全集》第 4 卷，文汇出版社，2000，第 126 页。
③ 章士钊：《章士钊全集》第 4 卷，文汇出版社，2000，第 126 页。

结非也。"① "所谓连珠者，兴于汉章帝之世。班固、贾逵、傅毅三子受诏作进行了之，而蔡邕、张华之徒，又为之广焉。其文体辞丽而言约，不指说事情，必假喻以达其旨。……欲使历历如贯珠，易亲而可悦，故谓之连珠也。"② "扬雄覃思文阁，业深综述，碎文珠玉，肇为连珠。"③ "《文选》止载陆士衡五十首，而曰演连珠，言演旧文以广之也。大抵连珠之文，贯穿事理，如珠在贯，其辞丽而言约，其体则四六对偶而有韵。"④

从以上叙述可见连珠的特点。他认为"辞句连续，互相发明"⑤可以解释"三段"。他指出："至按其如何发明，似傅休弈最为知言，即所谓'不指说事情，必假喻以达其旨'者也。夫三段何不说事情之有？倘不说事情，小前提将无自而生。可知此体在逻辑别有所属，纵所穿并非鱼目，而决不能强指三段。"⑥ 这里，章士钊认为三段与连珠并非一回事，看似相同，实则不同。

再如，章士钊在阐述三段论时，以"中词必一尽"为例，对《聊斋志异》中的一段话进行了分析。书中司文郎四曰："北人固少通者，然不通者未必是小生；南人固多通者，然通者亦未必是足下。"⑦ 章士钊指出："前者O辞，后者I辞。O辞以北人为中词，I

---

① 章士钊：《章士钊全集》第7卷，文汇出版社，2000，第391页。
② 章士钊：《章士钊全集》第7卷，文汇出版社，2000，第391页。
③ 章士钊：《章士钊全集》第7卷，文汇出版社，2000，第391页。
④ 章士钊：《章士钊全集》第7卷，文汇出版社，2000，第391页。
⑤ 章士钊：《章士钊全集》第7卷，文汇出版社，2000，第391页。
⑥ 章士钊：《章士钊全集》第7卷，文汇出版社，2000，第392页。
⑦ 章士钊：《章士钊全集》第7卷，文汇出版社，2000，第411页。

辞以南人为中词,中词两俱不尽。北人有不通者,止一部分,未必足以括小生;南人多通者,亦止一大部分,足下未必在内。卒之小生与北人之不通者,足下与南人之通者,两不相涉,故议司文郎者为悖。何以故?中词在太小前提无一尽故;不通者未尝尽北人,通者未尝尽南人故。"①

由上面列举的案例可见,考证训诂的方法在章士钊的《逻辑指要》《章氏墨学》等诸多著作、文章中都有所应用,它并不单纯分析论证古文中文字的对与错,而是或用于考证一事物历史发展的过程以及其所包含的内容,或论证某段文字中所包含的本质内容等。而章士钊引征的著作涉及古今中外,所举的例子也都涉猎广泛,既有西方自苏格拉底至二十世纪几乎所有的哲学家、逻辑学家,亦有中国古自孔子、墨子等人,近及严复、章太炎、梁启超等。

二、横向比较的方法

横向比较的方法是章士钊在《逻辑指要》中最常用也最有效的方法。所谓横向比较方法,是指把不同民族、国家的逻辑理论或逻辑思想按照相同历史时期或历史发展的相同阶段进行比较的一种方法。用章士钊自己的话说就是"融贯中西,特树一帜"②,具体就是"以欧洲逻辑为经,本邦名理为纬,密密比排,蔚成一学"③。他把中国古代名辩学与西方传统逻辑相比较,这是一种横向比较,因此

---

① 章士钊:《章士钊全集》第7卷,文汇出版社,2000,第411页。
② 章士钊:《章士钊全集》第7卷,文汇出版社,2000,第295页。
③ 章士钊:《章士钊全集》第7卷,文汇出版社,2000,第295页。

称他的这种方法是一种横向比较方法。

横向比较的研究方法自严复、梁启超起被中国近代学者普遍运用，章士钊不仅继承了这种研究方法，并提出"以欧洲逻辑为经，本邦名理为纬，密密比排，蔚成一学"①，将其发挥到了极致。依据这一方法，通过对中西逻辑思想与逻辑体系的比较分析、研究，将两者结合起来，形成了独特的逻辑思想体系。譬如，章士钊将《墨辩》中的"三物论式"、印度因明中的"三支论式"与西方传统逻辑中的"三段论式"进行比较。

章士钊以西方逻辑体系框架为基础，对中国名辩理论做了较为全面的梳理，对中西逻辑进行了较为全面的比较。

章士钊依照西方逻辑的体系对《逻辑指要》进行架构，依次对概念、命题、推理（演绎和归纳）、悖论等进行阐述、分析。他用中国古代名辩中的名词解释西方逻辑的概念，并对二者进行分类比较，进而把中国名辩思想中相对零散的逻辑思想进行系统化整理。书中随处可见其运用横向比较方法的案例。

在阐述命题时，章士钊指出命题就是"辞"。荀子曰："辞也者，兼异实之名以喻一意也。"② 这里的辞，就是命题。命题在《墨经》中曰饵。《说文》云：饵，饮也。

再如，章士钊引《墨经》中的相关论述将西方逻辑三段论与三物语经相比较，从推理形式的构成方面找到了墨辩逻辑中与三段论相似的推理形式。章士钊认为，就其构成而言，三段论"包含之词

---

① 章士钊：《章士钊全集》第7卷，文汇出版社，2000，第295页。
② 章士钊：《章士钊全集》第7卷，文汇出版社，2000，第411页。

亦止于三"①，三辞即大词、中词和小词，而词是用来给物命名的，因此三词亦可称为三物。中国的《墨经》中亦存在西方的三段论，《大取篇》曰："语经，语经也。白马非马，执驹马说求之。……三物必具，然后足以生。"②"……今白马与马与驹，是为三物，而驹为第三物，执以为说而求之，即所谓彼，或又曰他。"③ 白马与马只有两物不能互相腿短，需要借助第三物驹，而第三物就是三段论中的中项。西方的三段论也就相当于中国的"三物必具，然后足以生"④。他指出，"此（三物）其结构，全然与逻辑三段合符；以是三段论法，亦可曰三物语经"。⑤ 也就是说，章士钊认为墨经所谓的三物语经与三段论的形式相符。

而在进一步对"三物"做具体阐述时，章士钊引《小取》中的"推""辩"与西方逻辑三段论中的大、中、小项相比较，以进行说明。《小取》云："推也者，以其所不取之同于其所取者予之也。"章士钊认为，"所取者"是大、小词，因为它在前提和结论中都出现过，"所不取"是中词，作为媒介联结大、小词，在结论中却不出现。而三段论与"推"式一致，其关键在于中词，中词与大、小词相同，则其式为予，即"以其所不取之同于其所取者予之也"；反之，"以其所不取之同于其所取者拒之也"。

章士钊还对印度因明与墨辩逻辑、西方逻辑进行了比较研究。

---

① 章士钊：《章士钊全集》第7卷，文汇出版社，2000，第398页。
② 章士钊：《章士钊全集》第4卷，文汇出版社，2000，第126页。
③ 章士钊：《章士钊全集》第4卷，文汇出版社，2000，第126页。
④ 章士钊：《章士钊全集》第7卷，文汇出版社，2000，第398页。
⑤ 章士钊：《章士钊全集》第7卷，文汇出版社，2000，第398页。

对于印度因明与中西方逻辑的比较，不少学者对此进行了探讨与研究。章太炎对墨家辩式、三段论与印度因明进行了比较，他认为三者都是"三支比量"，只是排列秩序上有所差异，而印度因明的结构与"辩说之道"相符，他最推崇因明。梁启超也进行过墨辩逻辑、三段论与印度因明的比较，他从推理形式的角度出发，认为三段论与因明都比较注重推理形式的公式化和形式化，都是由三个命题构成，有其固定的结构，而墨辩逻辑在这一方面有所欠缺。而章士钊对于三段论与因明的比较研究，与他们既有相似之处，亦有其独到见解。

首先，章士钊肯定墨辩逻辑、印度因明与西方逻辑三段论在结构上具有相似性。比如，章士钊指出："因明论式，依量而立；作法以五支为之，比于三段，多出两项，所谓宗因喻合结是也。"[①]例如：

  一、彼山必有火……………………………………宗

  二、有烟故………………………………………………因

  三、凡有烟处有火——如灶……………………喻

  四、今彼山有烟………………………………………合

  五、故彼山有火………………………………………结

而"宗者，断案也。因，与媒词相当。喻，视大前提。于是以

[①] 章士钊：《章士钊全集》第 7 卷，文汇出版社，2000，第 398 页。

第四章　章士钊逻辑思想的总结

三段式部勒之，其道亦通"。① 在《名学他辨》中章士钊也总结道："以三物论事，号为常经，可见当时立论之体制，与逻辑三段，因明三支相合。"② 他认为，虽然因明由宗、因、喻、合、结五支构成，但五支构成所含内容与三段论的构成基本一致，因此三段论与因明在推理形式上有相似的结构。

其次，章士钊认为不能完全将西方逻辑三段论与印度因明相等同，它们之间亦有差异所在。在章士钊看来，"古因明以他物设喻，分两种，一喻体，一喻依。如凡所作者皆是无常，譬如瓶等，上语是体，下语是依。墨辩疑亦有然。三支论法，总举一物，墨名曰推；五支论法，旁及多物，墨名曰譬"。③ "喻依"就是取譬设喻，"多举无碍，精神涉夫阴达逻辑之藩矣"。④ 且因明五支作法的设喻涵盖了归纳逻辑的内容。而三段论则不然。三段论非常重视概念，"凡物不能离开概念廓然自立"⑤，其论证多从概念出发而不是设喻。同时，三段论属演绎逻辑范畴，与古因明亦不同。

他指出："因明与逻辑有此歧异者何也？曰，无他，亦尼夜耶（Nyaya）由量入手，有事于证；逻辑由理入手，取义在推而已。抑有进者，逻辑家必勘因明，每好举声无常一例。……特声常住论，有足逻辑之概念论互为发明，诚不害为名理比较之一良证，故略论

---

① 章士钊：《章士钊全集》第7卷，文汇出版社，2000，第405页。
② 章士钊：《章士钊全集》第4卷，文汇出版社，2000，第126页。
③ 章士钊：《章士钊全集》第7卷，文汇出版社，2000，第406页。
④ 章士钊：《章士钊全集》第7卷，文汇出版社，2000，第582页。
⑤ 章士钊：《章士钊全集》第7卷，文汇出版社，2000，第406页。

次如上。"① 王渔洋《居易录》所载毛大可对苏东坡的诗句"竹外桃花三两枝，春江水暖鸭先知"的批驳，按因明五支列之：

一、鸭先知……………………………………………宗
二、春江水暖故………………………………………因
三、凡江水暖，泽禽必先知之——如鹅………………喻
四、今春江水暖………………………………………合
五、故鸭先知…………………………………………结

章士钊认为"逻辑之名，起于欧洲，而逻辑之理，存乎天壤"，西方逻辑发展到近代，已经形成了一套完整的体系，而中国的逻辑思想广泛地存在于中国文化的各个角落，是零散的，不系统的，因此要对其进行整理和总结，用西方逻辑的知识比照中国的逻辑思想，从中国文化中择取逻辑的理论。②

第三节　章士钊逻辑研究的得失及影响

在近代中国逻辑史研究开拓、创新的重要时期，以梁启超、章士钊、胡适等人为代表的开拓者们筚路蓝缕，艰苦备尝，开创了中

---

① 章士钊：《章士钊全集》第7卷，文汇出版社，2000，第406页。
② 张栋豪：《中国逻辑史方法论在近代的演变》，南开大学哲学博士学位论文，2010。

国古代逻辑研究的先河，取得了丰富的研究成果，确立了中国逻辑史的研究方向，为中国逻辑史研究奠定了良好的基础。这一时期，章士钊可谓用功甚勤，功勋卓著，在中国近代思想史乃至现当代思想史上具有重要地位。

一、章士钊对逻辑研究的贡献

（一）倡立了"逻辑"这一学科名称

早在英国留学期间，章士钊就开始关注国内的逻辑学发展现状和方向，敏锐地提出了逻辑学研究的首要问题——正名问题。他不仅指出"正名问题"是逻辑学研究中的最大障碍，而且指出了把"Logic"称为"名学""辩学""论理学"等的不妥之处，应该把"Logic"音译为"逻辑"，废弃原有的"名学"等各种译名。他曾在《甲寅》等刊物上发表多篇文章和与人商榷的回复，就这一问题阐述自己的观点和依据，学术界在经过反复讨论之后最终还是接受了他的建议，"名学""辩学""论理学"等译名逐渐消匿。迄今，虽然逻辑学这一学科的知识尚未普及，但"逻辑"一词在现代使用频率非常高，单凭这一点，足以证明章士钊在中国逻辑学发展史上的学术素养和学术地位。

（二）从事逻辑教育工作

1918年至1939年，他先后在北京大学、东北大学、重庆陆军大学和警官学校讲授逻辑学，曾经轰动一时，主要包括"逻辑学""逻辑学说史"和"墨经"等课程。在教学过程中，他不断补充完善讲义，1943年，《逻辑指要》终于在重庆时代精神出版社问世。该论著是其关于逻辑学问题论争、研究和教育等活动的一个总结性成果，不仅表明了近代学术界对逻辑学的重视，展现了近代逻辑学问题争论的焦点，而且呈现了章士钊对中国古代逻辑尤其是对《墨辩》等先秦名辩学的研究成果，并以其特有的著述思想和丰富的史料基础形成了自己独特的逻辑思想体系，被称为世界上最早的一部系统地对中、西、印度逻辑学进行比较研究的著作，为研究中国近代逻辑学的发展提供了重要的参考价值。该书曾得到毛泽东盛赞，并于1959年由中央政治研究室列入丛书"逻辑丛刊"重印。此后，该书重印多次，影响深远。

（三）创建逻辑思想体系

章士钊不但特别重视逻辑学的传播，还建立了自己的逻辑思想体系。章士钊在《逻辑指要·自序》中强调："今国人多不知所以思，多不知所以辩。"[①] 章士钊毕生致力于逻辑学的传播、普及活动，他作为报人、政论家、高官、教师、律师、社会名流等具有影响力的身份，在逻辑学的传播、普及方面中所起的作用很大，影响很大。章士钊非常重视培养国人的逻辑习惯，呼吁全社会对逻辑学重视，主张大家开诚布公，齐心协力促成逻辑的健康发展和顺利普及"使读者能感斯学之重要"[②]。他关于传播和普及逻辑学的这一远见卓识令人佩服。

---

① 章士钊：《章士钊全集》第7卷，文汇出版社，2000，第302页。
② 章士钊：《章士钊全集》第7卷，文汇出版社，2000，第291页。

(四) 创立了独特的"逻辑文"

章士钊不但重视逻辑学的传播,他本人更是身体力行,把"逻辑学"引入"作文",创立了独特的"逻辑文"。

章士钊对于逻辑学有着高深的造诣,把"逻辑学"引入"作文"是章士钊政论的最大特点。他经常在《甲寅》等报刊上发表政论文,在他的政论中,随处可见刻意运用逻辑的影子。他的政论文结构严谨,说理完足,文理密察。在论证的过程中,章士钊特别注重逻辑规律,即要严格按照逻辑形式进行论说,因此他自己很少犯逻辑错误,别人出现逻辑混乱的时候,他又能够抓住这个弱点,给予反击。孙中山对他这种把逻辑学引入作文的做法给予了高度赞誉。他曾指出,逻辑学的缺乏使得作文、著述过程中易于出现逻辑错误,直接影响到中国历代文人作文之效率、作文之质量,把逻辑学引入作文极有必要。章士钊所创立的独特的政论文享誉政坛及文坛十余年,影响很大。聚集在章士钊周围的一些作者,如黄远庸、陈独秀、李大钊、高一涵,都自觉趋向章士钊政论的方向,逻辑性在当时逐渐成为一个普遍的衡文标准。

胡适曾把这一时期的政论文称为"章士钊一派的政论的文章"[①]。事实上,胡适划分这一派的依据就是为文时明确自觉的逻辑意识,包括概念要明确、判断要准确、推理要严密等逻辑方面的要求。钱基博在其《现代中国文学史》中为章士钊一派的政论文定名

---

① 胡适:《五十年来中国之文学》,载胡适《胡适文集》第4卷,华夏出版社,2000,第153页。

为"逻辑文"。遗憾的是，蜚声近代文坛、政坛的"逻辑文"却昙花一现，光华不再，其中的缘由很值得后人深思和探究。

此外，对于章士钊对逻辑的贡献，刘培育给予了很高的评价，认为"章士钊最突出的贡献是，以逻辑内容为指归，对中国名辩思想史料做了比较全面的搜寻和翻检，挖掘了其中的逻辑内容，用力之勤前无古人。他用自己的研究成果批驳'中国无逻辑论'，在历史上留下了旷谷之音"①。

二、章士钊逻辑研究的不足

第一，在比较过程中出现很多牵强附会的现象。

关于这一点，崔清田、刘培育、曾祥云等学者都曾提到。在谈到研究中国逻辑史时，刘培育指出："对外域的经验要借鉴，但不可照搬硬套。"②崔清田亦对这种牵强附会的现象进行批评："这种一味认同的比照对应，很难避免牵强比附的成分，也很难对墨家辩学有别于西方传统形式逻辑的特质所在和决定这种特质的社会文化背景，给予特别的关注并做出令人信服的剖析。"③曾祥云亦指出："不少研究者在'吾国固有'的狭隘民族文化心理的影响下，一味热衷于以西方逻辑比附本土名辩，而对二者之间何以相类、相当的问题，往往不做必要的分析论证，或者缺乏充分的严格的分析论证。

---

① 刘培育:《名辩与逻辑、因明的比较研究——百年回顾与思考》，载《逻辑研究文集——中国逻辑学会第六次代表大会暨学术讨论会论文集》，2000，第359-365页。
② 刘培育:《中国逻辑思想史研究论略》，《南开学报》（哲学社会科学版）1981年第3期，第6页。
③ 崔清田:《名学与辩学》，山西教育出版社，1997，第10页。

一些研究者为了证成'名辩逻辑',甚至捕风捉影、以字取义;在名辩材料与逻辑理论无从相类的情况下,采取曲解逻辑理论的手段以求得两者的同存共荣。"①

第二,比较研究偏重于"求同"。

以西方理论体系为框架,主要关注中西逻辑的相同点,这样做的结果是中国名辩的完整体系被肢解,中国古代名辩的固有特点被抹杀,从而将中国名辩理论置于从属地位。

正如汪奠基所言:"20世纪初的中国逻辑史的研究者们,主要以西方逻辑为范本,用几条有关形式逻辑的条文去解释有着丰富内容的中国逻辑史文献资料,有时甚至曲解中国古代思想材料的含义,把它们弄得支离破碎。"②

章士钊的比较研究过程中过于偏重"求同",在《逻辑指要·张序》中,张君劢的评价是:"行严先生《逻辑指要》之作,章节次第虽同于西方逻辑,然而所引述的资料皆为中国学者有关逻辑学之言论。其意义有二:一是辩驳中国无逻辑之说;二是说明中国古代逻辑与西方学说是一致的。"③ 释言之,《逻辑指要》的体系与西方逻辑相同,内容上亦倾向于"求同",目的在于证明中国古代有逻辑。对于这一做法,彭漪涟的评价是:"这种中西逻辑思想、逻辑理论的结合和融合,实际上只不过是将中国古代的逻辑思想和逻辑理

---

① 曾祥云:《中国逻辑史研究的误区》,《长沙电力学院学报》(社会科学版)2003年第4期,第26-29页。
② 张晴:《20世纪的中国逻辑思想史研究》,中国社会科学出版社,2007,第85页。
③ 白吉庵:《章士钊传》,作家出版社,2004,第301页。

论纳入西方逻辑的框架之中,也就是运用中国古代逻辑思想和逻辑实例去说明和解释西方逻辑体系的基本思想和理论而已。而这就势必在一定意义上要抹杀中国古代逻辑思想和逻辑理论的特点,把那些不可能为西方逻辑体系所包括的具有中国逻辑特色的思想和理论有意或无意地忽视或忽略。因此,这样的'融贯中西'实际上是以'西'统帅'中',是'中'从属'西'。"[1] 从中西逻辑的比较研究层面上来说,这一评价有一定道理。但是,从近代中国逻辑史研究的实践层面上来说,这种偏重于求同研究的"据西释中"在近代早期的中国名辩学研究中具有不可替代的作用,不能一概而论,应做具体分析。首先,"据西释中"所取得的成绩有目共睹,它使中国古代名辩学研究摆脱了经学的附庸,从而开拓了一个新的学科研究方向,即中国逻辑史研究;其次,他使近代学者摆脱了仅仅停留在对名辩古籍进行训诂阐释上的做法,开始注重对其义理的研究,在研究中国名辩的过程中推动了西方传统逻辑的传播。

对于"据西释中"研究方法的不足,作者认为,西方逻辑的发展比较完善,已经形成了一套完整的系统,而中国的名辩思想却是相对零散的,不够系统,不成体系。因此,在研究中国名辩思想时,有必要借鉴西方逻辑的理论体系。同时,对中西逻辑的比较研究不能机械比附,而要在全面理解、整体把握的基础上,坚持以历史分析法、文化诠释法来探求中国古代名辩学的特点和发展规律。

---

[1] 彭漪涟:《中国近代逻辑思想史论》,上海人民出版社,1991,第242页。

三、章士钊逻辑思想的影响

章士钊对中国名辩学、西方传统逻辑的传播、中外逻辑思想比较研究等方面有突出的贡献，他的逻辑思想对近代中国逻辑史研究的产生和发展起到了重要的推动作用，曾经得到张学良、毛泽东等许多政治高层人物的重视和支持，贡献很大，影响深远。然而，由于他的有些政治活动颇遭物议，后人对他的评价颇有争议，褒贬不一。但在学术领域，尤其是逻辑学领域，章士钊的思想已经穿越了历史时空，随着现代逻辑学的发展，愈发显示出无穷的魅力和迷人的光彩。

（一）提供了新的写作文体——逻辑文

逻辑与作文是有机结合的，章士钊创立的"逻辑文"，是论文写作的重要方法。这种方法可以避免人们在作文、著述过程中易于出现的逻辑错误，对于提高人们认识的水平，正确运用理性思维大有裨益；对提高作文效率与质量也有着重要作用。逻辑文的应用，不仅有助于提高作文的逻辑水平，还有助于促进逻辑学的传播，有助于近代逻辑思想的丰富、发展。

（二）为近现代逻辑及墨学研究奠定了基础

章士钊纵论墨学，对墨经进行了深入研究，相继发表《名学他辨》《名墨訾应考》《墨学谈》《章氏墨学》《墨辩之辩》等文，对当时墨子之研究，起到了推动作用。梁启超曾言："最近章行严，常为讨论墨经之短文，时有创获。"① 开辟了墨学研究的新高地，也为今天的墨学研究奠定了坚实的基础。

章士钊的逻辑思想不仅展现了近代逻辑学问题争论的焦点，而且他对中国古代逻辑，尤其是对《墨辩》等先秦名辩学的研究成果，并以其特有的著述思想和丰富的史料基础形成了自己独特的逻辑思想体系，为研究中国近代逻辑学的发展及墨学研究提供了重要的参考价值。章士钊的《逻辑指要》中亦有许多值得借鉴和吸取的经验。作为章士钊反复研讨与教学的总结，其中所呈现出来的独特的逻辑体系和研究方式的研究有助于我们加深对近代逻辑学发展中一些重要问题的认识，有助于当今大学逻辑教材的编排和讲述方式的改进。

(三) 为逻辑研究提供了科学的研究方法

章士钊的研究中运用了多种方法，其中最主要的方法就是考证训诂法和横向比较法。虽然有学者对他的比较研究存有议论，但它的研究方法毕竟也代表了中国逻辑思想研究的进步，对近代中国逻辑史研究的产生和发展起到了重要的推动作用，对后人研究逻辑史的影响深远。到目前为止，无论我们做逻辑学研究，还是其他史学研究等，在研究过程中仍不能完全脱离这两种方法，这对于我们建构中国逻辑史研究的方法论，推动和促进中国逻辑史更好更快地发展都大有裨益。

(四) 治学精神值得我们借鉴

章士钊治学，以严谨著称。卢冀野曾称章士钊"文章以墨学做

---

① 袁景华：《章士钊先生年谱》，吉林人民出版社，2001，第151页。

根底，以逻辑和文法做规则，所以严谨细密没有地方可以攻击他"。[①] 高语罕在讲文章切勿轻薄时，也称赞"当世作者态度最好的是章士钊先生，像他的《甲寅》杂志，真不愧学者的态度"。[②]

章士钊一生著述颇丰，在耄耋之年仍继以往，勇于探求新知，开拓新的学术领域。他研究柳文六七十年，自80岁起开始撰写《柳文指要》。在完成时已是九十岁高龄。而后开始整理《论衡》，准备撰写《论衡指要》一书，就连1973年到香港探亲时，还说预备整理《柳文指要》，出第二版。到晚年还手不释卷，时常在卧榻上写作，他以高龄孜孜不倦地整理、著述，这种精神是何等可贵！章士钊严谨的治学态度和对学术的孜孜以求，为后人树立了高山景行的榜样。

（五）有利于进一步认识中国近代逻辑思想的发展

章士钊的逻辑思想是我国近代逻辑思想发展的重要组成部分，对我国近代逻辑思想的发展产生过重要影响，在我国近代逻辑史上占有重要一席。同时，章士钊逻辑思想的发展过程与我国近代逻辑思想的发展几乎是同步的，因此，对章士钊的逻辑思想的产生、发展过程进行深入细致的研究，不仅有助于我们从整体上对章士钊的逻辑思想有一个全面的认识，也有助于我们对中国近代逻辑思想发展历程的进一步认识。

---

① 卢冀野：《近代中国文学讲话》第2讲，会文堂新记书局，1930，第16页。
② 高语罕：《国文作法》，东亚图书馆，1922，第35页。

参考文献

一、论著文献

[1] 白吉庵：《章士钊传》，作家出版社，2004。

[2] [美] 陈汉生：《中国古代的语言和逻辑》，周云之等译，社会科学文献出版社，1998。

[3] 陈宗明：《现代汉语逻辑初探》，生活·读书·新知三联书店，1979。

[4] 崔清田：《名学与辩学》，山西教育出版社，1997。

[5] 崔清田：《墨家逻辑与亚里士多德逻辑比较研究》，人民出版社，2004。

[6] 崔清田：《显学重光》，辽宁教育出版社，1997。

[7] [日] 大西祝：《论理学》，胡茂如译，上海泰东书局，1914。

[8] 丁仕原：《章士钊与近代名人》，中国文艺出版社，2006。

[9] D. J. 奥康诺：《批评的西方哲学史》，洪汉鼎等译，东方出版社，2005。

[10] DOV M. Gabbay and John Woods ed., *Handbook of the History of Logic*, Vol. 4 NorthHolland Publishing Company, 2008.

[11] 方授楚：《墨学源流》，中华书局，1940。

[12] 冯友兰：《中国哲学史新编》第6册，人民出版社，1989。

[13] 傅凡际、李之藻：《名理探》，生活·读书·新知三联书店，1959。

[14] [美] F. N. 麦吉尔：《世界哲学宝库——世界225篇哲学名著述评》，中国广播电视出版社，1991。

[15] 高亨：《墨经校诠》，科学出版社，1958。

[16] 高瑞泉：《中国近代社会思潮》，华东师范大学出版社，1996。

[17] 高语罕：《国文作法》，东亚图书馆，1922。

[18] 葛懋春、蒋俊编选：《梁启超哲学思想论文选》，北京大学出版社，1984。

[19] 葛懋春：《中国现代史论选》上，广西师范大学出版社，1990。

[20] 龚育之等：《毛泽东的读书生活》，生活·读书·新知三联书店，1986。

[21] 郭桥：《逻辑与文化——中国近代时期西方逻辑传播研究》，人民出版社，2006。

[22] 郭湛波：《近五十年中国思想史》，山东人民出版社，1997。

[23] 郭湛波：《先秦辩学史》，中华书局，1932。

[24] 侯外庐：《中国思想通史》第 4 卷，人民出版社，1980。

[25] 胡适：《胡适文集》，华夏出版社，2000。

[26] 胡适：《墨经校释后序》，载《墨子集成》第 19 卷，成文出版社，1977。

[27] 胡适：《先秦名学史》，安徽教育出版社，2006。

[28] 胡适：《中国哲学史大纲》，团结出版社，2006。

[29] 黄见德：《西方哲学东渐史》上卷，人民出版社，2006。

[30] 蒋维乔：《论理学讲义》，商务印书馆，1912 年。

[31] 李超杰、边立新：《20 世纪中国哲学著作大辞典》，警官教育出版社，1994。

[32] 李匡武：《中国逻辑史》近代卷，甘肃人民出版社，1989。

[33] 李匡武：《中国逻辑史资料选》近代卷，甘肃人民出版社，1991。

[34] 李泽厚：《中国近代思想史论》，天津社会科学院出版社，2003。

[35] 李佐丰：《二十世纪的中国语言学》，北京大学出版社，1998。

[36] 梁启超：《科学精神与东西文化》，天津古籍出版社，2005。

[37] 梁启超：《论中国学术思想变迁之大势》，中华书局，1989。

[38] 梁启超：《墨经通解序》，载严灵峰编《墨子集成》第 29 卷，成文出版社影印本，1977。

[39] 梁启超：《墨经校释·自序》，载梁启超《饮冰室合集》

第 8 卷，中华书局，1989。

[40] 梁启超：《墨子学案》，中华书局，1989。

[41] 梁启超：《墨子之论理学》，中华书局，1989。

[42] 梁启超：《清代学术概论》，上海古籍出版社，2011。

[43] 梁启超：《清代学术概论》，中国书籍出版社，2006。

[44] 梁启超：《先秦政治思想史》，载梁启超《饮冰室合集》第 9 卷，中华书局，1989。

[45] 梁启超：《中国近三百年学术史》，团结出版社，2005。

[46] 卢冀野：《近代中国文学讲话》第 2 讲，会文堂新记书局，1930。

[47] 栾调甫：《墨子研究论文集》，人民出版社，1957。

[48] 彭漪涟：《中国近代逻辑思想史论》，上海人民出版社，1991。

[49] 沈有鼎：《墨经的逻辑学》，中国社会科学出版社，1980。

[50] 沈有鼎：《沈有鼎文集》，人民出版社，1992。

[51] ［日］十时弥：《论理学纲要·例言》，生活·读书·新知三联书店，1960。

[52] ［日］实藤惠秀监修：《中国译日本书综合目录》，谭汝谦主编，香港中文大学出版社，1980。

[53] 宋文坚：《逻辑学的传入与研究》，福建人民出版社，2005 年版。

[54] 孙诒让：《墨子间诂》，中华书局，2007。

[55] 孙中山：《建国方略》，载《孙中山文粹》上卷，广东人

民出版社，1996。

[56] 孙中原：《逻辑哲学讲演录》，广西师范大学出版社，2009。

[57] 孙中原：《墨学与现代文化》，中央广播电视大学出版社，1998。

[58] 孙中原：《中国逻辑研究》，商务印书馆，2006。

[59] 谭戒甫：《墨辩发微》，中华书局，1964。

[60] 屠孝实：《名学纲要》，商务印书馆，1925。

[61] 汪奠基：《中国逻辑思想史》，上海人民出版社，1979。

[62] 王路：《逻辑的观念》，商务印书馆，2000。

[63] 王习胜、张建军：《逻辑的社会功能》，北京大学出版社，2010。

[64] 王先谦：《荀子集解》第16卷，中华书局，1988。

[65] 王章焕：《论理学大全》商务印书馆，1930。

[66] [英] 威廉·斯坦利·耶方斯：《辨学》，王国维译，生活·读书·新知三联书店，1959

[67] [英] 威廉·斯坦利·耶方斯：《名学浅说》，严复译，生活·读书·新知三联书店，1959。

[68] [英] 威廉·斯坦利·耶方斯：《穆勒名学》，严复译，生活·读书·新知三联书店，1959。

[69] 魏源：《海国图志》，岳麓书社，1998。

[70] 温公颐、崔清田：《中国逻辑史教程》，南开大学出版社，2001。

[71] 温公颐：《中国近古逻辑史》，上海人民出版社，1993。

［72］温公颐：《中国逻辑史教程》，上海人民出版社，1988。

［73］谢幼伟：《现代哲学名著述评》，正中书局，1947。

［74］熊月之：《西学东渐与晚清社会》，中国人民大学出版社，2011。

［75］徐光启：《〈几何原本〉杂议》，载徐光启《徐光启集》，上海古籍出版社，1984。

［76］徐宗泽：《明清间耶稣会十译著提要》，上海书店出版社，2010。

［77］［英］亚当·斯密：《原富》，严复译，商务印书馆，1981。

［78］［英］亚当·库珀等编：《社会科学百科全书》，上海译文出版社，1989。

［79］严复译著，冯君豪注解：《天演论》，中州古籍出版社，1998。

［80］严灵峰：《无求备斋墨子集成》第17册，成文出版社，1975。

［81］杨百顺：《比较逻辑史》，四川人民出版社，1989。

［82］杨树达：《高等国文法》，商务印书馆，1984。

［83］杨树达：《积微居回忆录》，上海古籍出版社，2007。

［84］杨武金：《墨经逻辑研究》，中国社会科学出版社，2004。

［85］虞愚：《中国名学》，正中书局，1937。

［86］虞愚：《因明学》，中华书局，1936。

［87］袁景华：《章士钊先生年谱》，吉林人民出版社，2001。

［88］翟锦程：《先秦名学研究》，天津古籍出版社，2005。

[89] 詹剑锋：《墨家的形式逻辑》，湖北人民出版社，1956。

[90] 张斌峰：《近代〈墨辩〉复兴之路》，山西教育出版社，1999。

[91] 张岱年：《中国唯物论史》，河南人民出版社，1994。

[92] 张家龙：《逻辑学思想史》，湖南教育出版社，2004。

[93] 张晴：《20世纪的中国逻辑史研究》，中国社会科学出版社，2007。

[94] 章士钊：《章士钊全集》，文汇出版社，2000。

[95] 赵总宽：《逻辑学百年》，北京出版社，1999。

[96] 郑杰文：《20世纪墨学研究史》，清华大学出版社，2002。

[97] 郑文辉：《欧美逻辑学说史》，中山大学出版社，1994。

[98] 郑文杰：《中国墨学通史》，人民出版社，2006。

[99] 中国大百科全书总编辑委员会：《中国大百科全书·哲学I》，中国大百科全书出版社，1987。

[100] 周云之、刘培育：《先秦逻辑史》，中国社会科学出版社，1984。

[101] 周云之：《名辩学论》，辽宁教育出版社，1996。

[102] 周云之：《墨经校全·今译·研究》，甘肃人民出版社，1993。

[103] 周云之，刘培育：《中国历史上的逻辑家》，人民出版社，1982。

[104] 周云之：《中国逻辑史》，山西教育出版社，2004。

[105] 周云之：《中国逻辑史资料选》现代卷上，甘肃人民出

版社，1991。

[106] 周云之：《中国逻辑思想史稿》，人民出版社，1979。

[107] 邹小站：《章士钊》，团结出版社，2011。

[108] 邹小站：《章士钊传》，河南文艺出版社，1999。

[109] 左玉河：《西学东渐与晚清学风嬗变》，载郑大华、邹小站《西方思想在近代中国》，社会科学文献出版社，2005。

[110] 曾祥云：《中国近代比较逻辑思想研究》，黑龙江教育出版社，1992。

[111] 曾昭式：《包容与拒斥》，吉林人民出版社，2002。

二、论文文献

[1] 崔清田等：《近代〈墨辩〉比较研究法的回顾与反思》，《湖北大学学报》（哲学社会科学版）1996年第3期。

[2] 崔清田：《关于中西逻辑的比较研究——由中西文化交汇引发的思考》，《信阳师范学院学报》（哲学社会科学版）2003年第23卷第2期。

[3] 崔清田：《关于中西逻辑的比较研究——由中西文化交汇引发的思考》，《信阳师范学院学报》2003年第3期。

[4] 崔清田：《墨家逻辑与亚里士多德逻辑的比较研究》，《南开学报》（哲学社会科学版）2002年第6期。

[5] 方豪：《读〈逻辑指要〉别记》，《东方杂志》1943年第13期。

[6] 郭华清：《从废学救国到苦学救国——青年章士钊在日本和英国的留学经历及其思想转变》，《安徽史学》2001年第4期。

[7] 郭华清：《论章士钊的调和史观》，《史学月刊》2007年第6期。

[8] 黄海、崔文芊：《章士钊逻辑思想初探》，《河南师范大学学报》（哲学社会科学版）2011年第5期。

[9] 晋荣东：《近现代名辩研究的方法论反思》，《社会科学》2012年第5期。

[10] 李先焜：《章太炎、梁启超、章士钊的中西逻辑的比较研究》，《湖北大学学报》（哲学社会科学版）1988年第3期。

[11] 刘邦凡：《关于"逻辑"一词》，《哈尔滨师专学报》1998年第4期。

[12] 刘培育：《20世纪名辩与逻辑、因明的比较研究》，《社会科学辑刊》2001年第3期。

[13] 刘培育：《名辩与逻辑、因明的比较研究——百年回顾与思考》，《逻辑研究文集——中国逻辑学会第六次代表大会暨学术讨论会论文集》，2000。

[14] 刘培育：《中国逻辑思想史研究论略》，《南开学报》（哲学社会科学版）1981年第3期。

[15] 罗运环：《论谭戒甫先生治墨学之道》，《武汉大学学报》（人文科学版）2005年第6期。

[16] 马佩：《要提倡大逻辑观，反对狭隘的小逻辑观——评王路先生的〈逻辑的观念〉》，《河南大学学报》（社会科学版）2001

年第 1 期。

[17] 彭漪涟：《略论中国近代逻辑思想发展的几个主要特点》，《华东师范大学学报》1988 年第 4 期。

[18] 彭漪涟：《中国近代外逻辑比较思想对比研究的成就与不足》，《江淮论坛》1991 年第 5 期。

[19] 孙中原：《中国逻辑研究百年论要》，《东南学术》2001 年第 1 期。

[20] 吴志雄：《因明、"墨辩"、亚里士多德逻辑比较研究》，《中山大学学报》1990 年第 2 期。

[21] 肖朗：《明清之际西方大学学科体系的传入及其影响》，《浙江大学学报》（人文社会科学版）2009 年第 1 期。

[22] 谢幼伟：《评章著〈逻辑指要〉——兼论演绎与归纳》，《思想与时代》1943 年第 26 期。

[23] 永墨：《章士钊〈逻辑指要〉（书评）》，《妇女月刊》1943 年第 3 期。

[24] 翟锦程：《用逻辑的观念审视中国逻辑研究——兼论逻辑史研究中的几个问题》，《南开学报》（哲学社会科学版）2007 年第 4 期。

[25] 翟锦程：《比较逻辑研究述介》，《哲学动态》1994 年第 7 期。

[26] 翟锦程：《近代中国逻辑思想研究源论》，《中国高校社会科学》2016 年第 1 期。

[27] 张栋豪：《中国逻辑史方法论在近代的演变》，南开大学

哲学博士学位论文，2010。

［28］张君劢：《章行严著〈逻辑指要〉序》，《时代精神》1942年第6卷第1期。

［29］张申府：《逻辑新书》，《图书季刊》1943年第4卷第3-4期。

［30］张胜前：《来华传教士与西方传统逻辑在中国的传播》，南开大学博士论文，2014。

［31］张晓翔：《"逻辑学"名称之考辨》，《毕节学院学报》2014年第6期。

［32］赵克生：《2001年明史研究综述》，《中国史研究动态》2002年第2期。

［33］周文英：《中国传统逻辑在近、现、当代的升华与发展》，《中国江西教育学院学报》1998年第4期。

［34］周相唐：《追忆章士钊先生》，《炎黄春秋》2008年第2期。

［35］曾祥云：《比较逻辑的性质、可比性原则及其价值评估当议》，《福建论坛》1994年第1期。

［36］曾祥云：《世界古代三去辩传统之比较》，《华东师范大学学报》2000年逻辑学专刊。

［37］曾祥云：《中国近代比较逻辑研究的贡献与启迪》，《福建论坛》1992年第6期。

［38］曾祥云：《中国逻辑史研究的误区》，《长沙电力学院学报》（社会科学版）2003年第4期。

[39] 曾昭式:《逻辑学东渐与中国现代逻辑史》,《社会科学》2002年第8期。

附 录

附录1 《论毋相反律》

論毋相反律

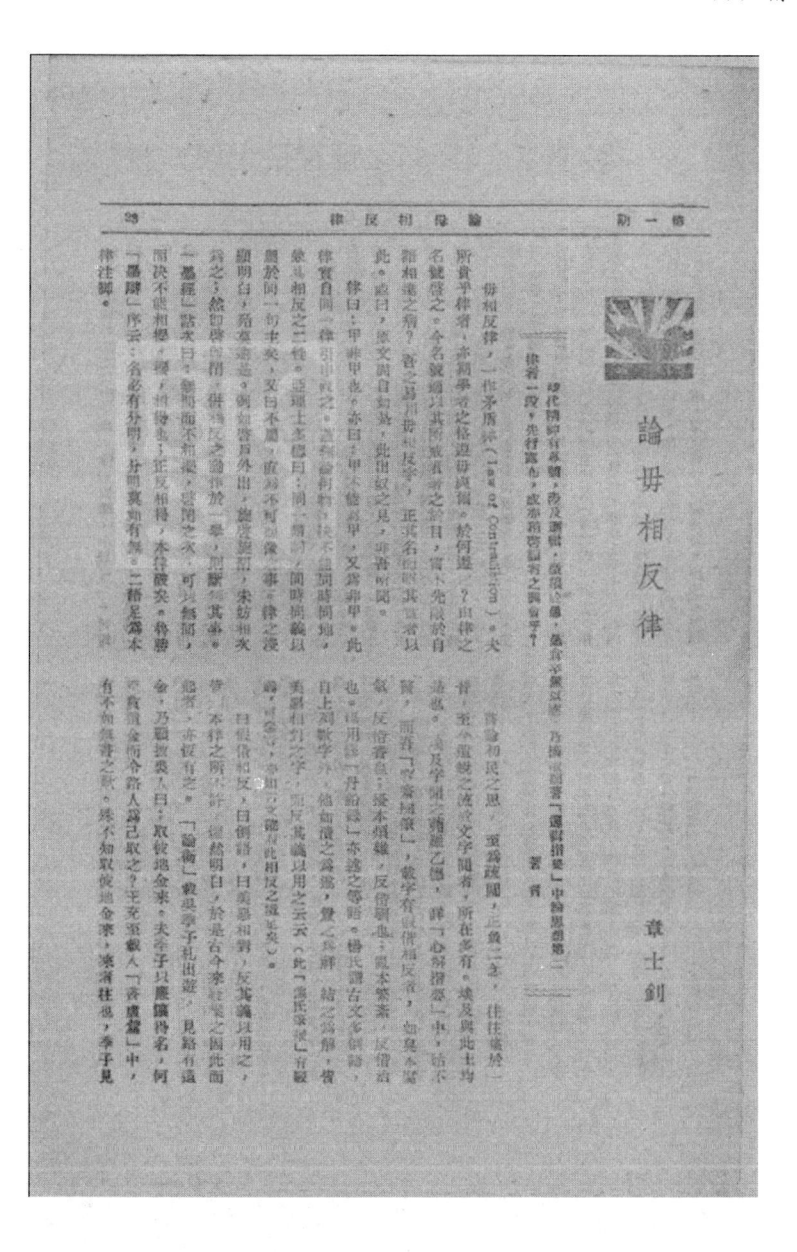

章士釗

現代情如有尊號，務及謝禮，做很心事，棄舍平等以應，乃指這冒着「邏輯指要」中節思想第二律者一段，先付寫布，成亦暗蓋固有之原音字？

毋相反律者，一作矛盾律（Law of Contradiction）。夫所貴乎律者，亦簡學習之悟述毋真偽，於何遊？出律之名健僅之，今名號烟以其簡議著之名曰，實不先展於自諸相遽之指？旨之辨非捨毋反字，正其名切卽其意者以此。盍曰，毋相反自如站，此甘叔之字，

律曰：甲非甲是，亦曰：甲不能為非甲，又嘗附圖此也。亦曰「丹的錄」奪速之等略，楊氏譯古文多同語。律實自閒「律明中寬之」，謂非相對於「學」，加謂相好。象毋相反之二慌，遠識上衾甚曰：「同，」同；。間時居識以間於問，「初古矣，又曰不屬，宜亦不可、物事一律之漫顯明白」。陷塞造。例當當外出，宋妨相次為之，然如律間相，群時反之意間者，以明决不能相率，正反相搏，木住體。曰可反相，雖雞晦不相衆。可以無阻。「墨經」序云：者必有分間，分間異如有無，律注郡。

"墨經"之二語名為本者，曰假俾相反，亦本律之所示許，給楊明曰，於是子日麥庚夫之固此面，要者，亦佷之也。「論衡」說異與孚子札出遊、令，乃報駁黃人曰：取牧過金來，夫率子以應廣偶名。何「吾慮廣」中，見路有遺金而得金衡介路人歸已取之？平克童厭人「吾慮窩」，兼省柱感，季子見有不如無者之款，殊不知取俊地金來。

附录2 《逻辑之理存乎天壤》

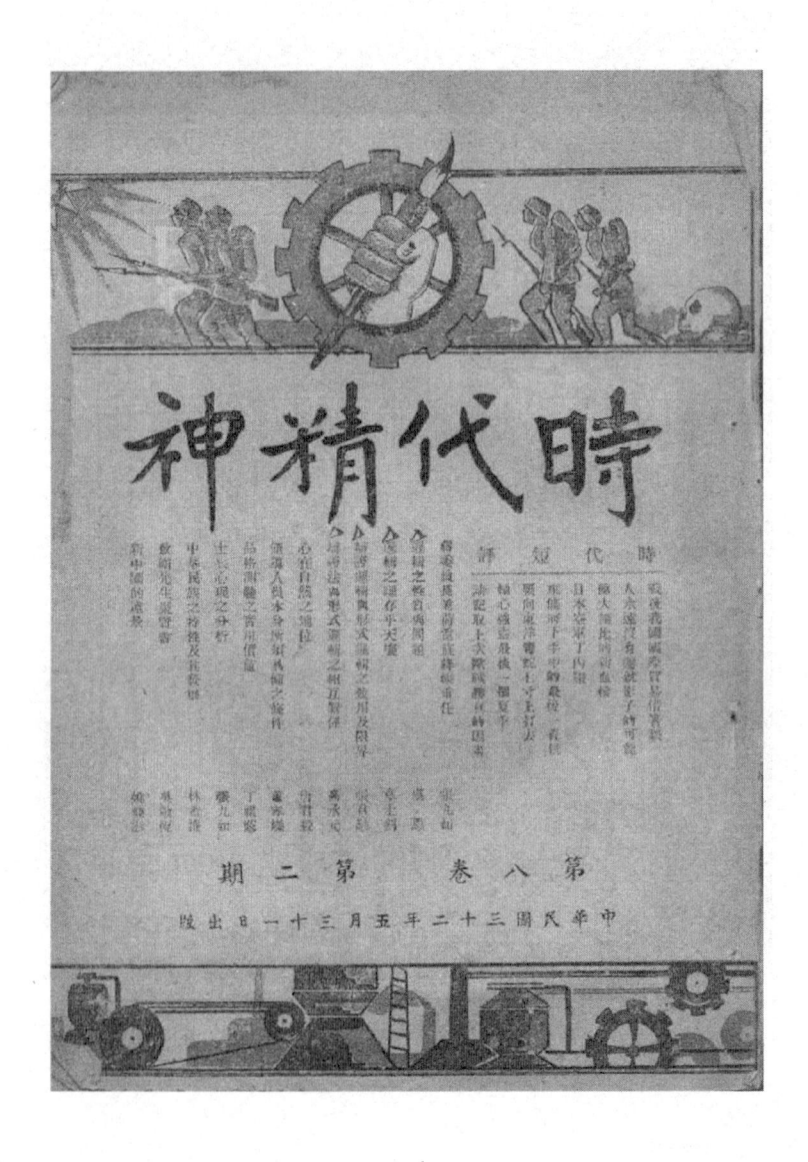

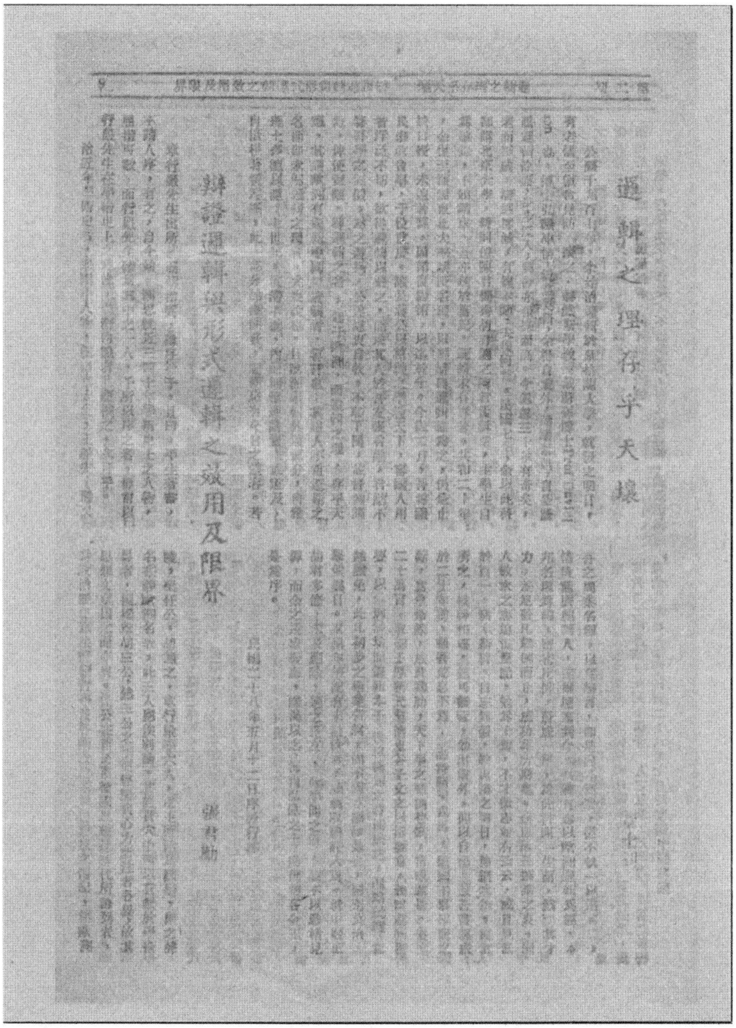

邏輯之理存乎天壤

辯證邏輯與形式邏輯之效用及限界

張君勱

附录3 《逻辑答谢幼伟教授》

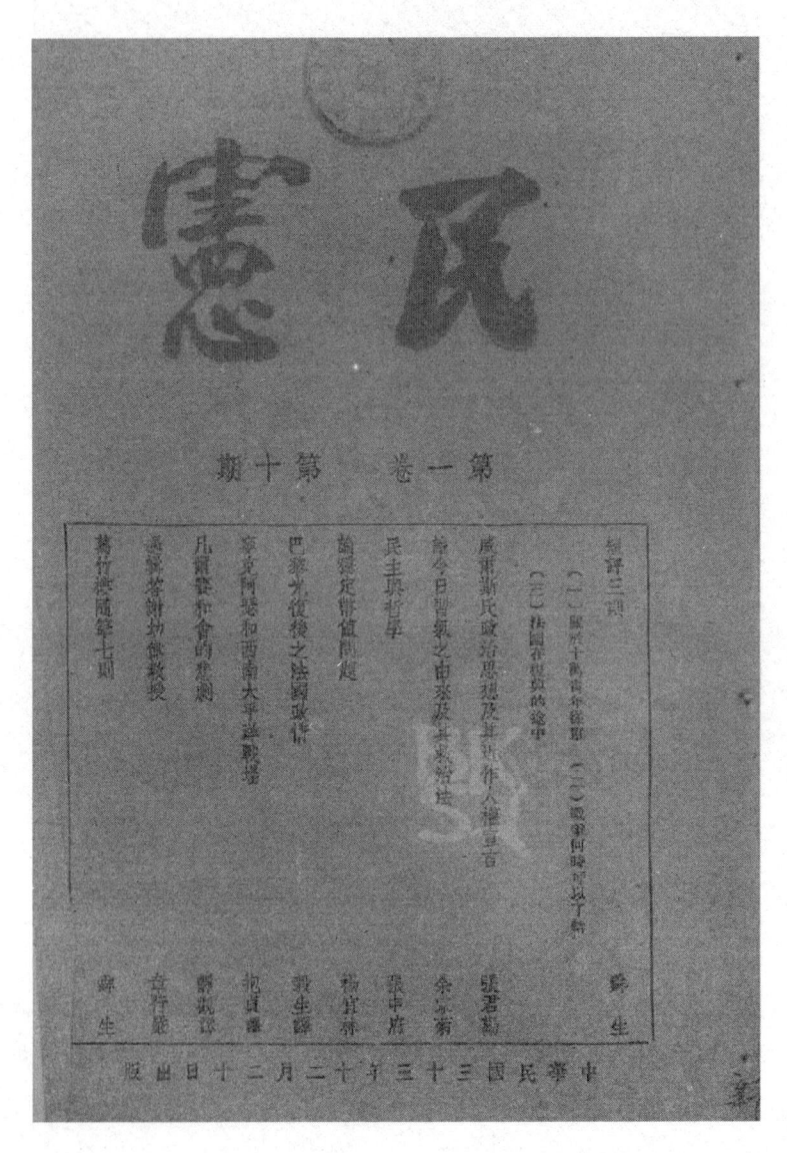

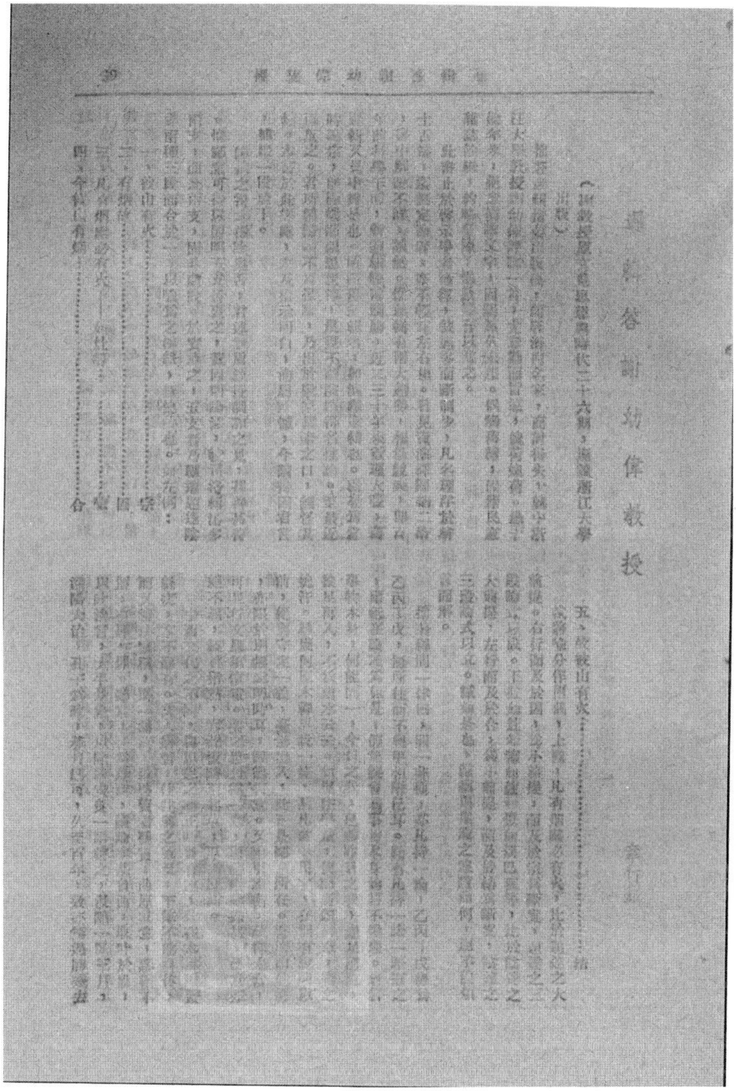
答謝幼偉教授